U0123632

漢寶德系列之九

藝術札記

30

典藏

歲月

意象

漢寶德

續談

文物

漢寶德 著

黃健敏 主編

目錄 INDEX

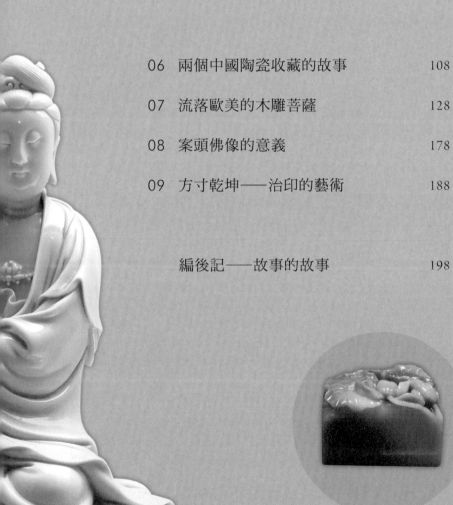

01

文物收藏的興味

　　在中國人的休閒文化中，有兩大重要的休閒活動是外國人所沒有，或不能體會其真正意味的。一是書法藝術，一是古物的收藏。今天與諸位談談文物收藏在中國式休閒生活中獨有的興味。

歐洲國家的音樂廳——德國漢堡易北愛樂廳，有德國最美音樂廳之美譽。

歐洲國家的音樂廳——英國倫敦皇家阿爾伯特音樂廳,堪稱英國最受歡迎的文化地標。

歐洲國家的歌劇院——奧地利維也納國立歌劇院,名列世界四大歌劇院之一,可說是維也納的象徵。

　　一個民族在精緻文化上的特色,最容易顯現在休閒文化。舉例來說,歐洲國家喜歡音樂,因此歌劇院、音樂廳是他們都市中最富麗的建築。由於全民樂於此道,所以音樂教育發達,音樂家受到最高的尊重。這種令人羨慕的文化氣息,為什麼美國人學不來呢?為什麼中國人,尤其是在台灣的我們,想學而做不到呢?關鍵所在是民族的休閒文化之形態不同也。

　　歐洲民族喜歡社交,他們主要的休閒方式是與朋友聊天。所以不分階級,喜歡在街頭咖啡座坐上幾個小時,關於這一點,美國人與英國人都學不會。他們在歐洲城市看到這種生動的街景,想在美國模仿,沒有用,哪有傻瓜坐在街頭發呆呢?歐洲人是先有與朋友結伴聊天的文化座的文化,才有街頭咖啡座的文化。歐洲的上流社會把音樂會視為社交場所。為什麼他們的歌劇院裡包廂那麼多呢?他們來此的目的不一定是聽音樂,音樂廳只是一個很高級、很雅緻的場所,使他

巴黎街頭的咖啡座。　　　　　　　　　　　　　　　　　　位於台北的國家音樂廳。

們可以見面而已。雖然不能與每個人聊天，至少可以打招呼，
互相寒暄，或刺探一下他人的生活內幕，傳播一些閒話。

　　中產階級興盛之後，音樂廳之社交功能仍存在，所以包
廂雖然少了，可是音樂中場的休息卻常常長達數十分鐘，目
的是讓太太們的珠寶亮相，可以在富麗堂皇的大廳裡，手執
高腳杯，文雅地與朋友們打招呼、聊天。

　　可以想像，我們的兩廳院建造得富麗不亞於外國，其內
容卻大不相同之緣故。我們是為聽音樂而來，哪有那麼多人
不憚其煩地來聽音樂？在家聽音響不是很好嗎？偶而去音樂
廳，不是我們的生活，沒有休閒的感覺，而是去感染些文化
氣息，向自己交代的。難怪年輕人比較多，那是他們求偶時
期的理想園地，既可以受到一點音樂教育，又可以表示自己
高雅的情趣。

位於台北的國家戲劇院。

　　美國人的休閒生活最貧乏。電視機是美國人的發明，沒有電視機，美國的中下階級會悶死。他們住在市郊，每家一座別墅，下班開車回家，面對老婆孩子，到周末，有兩整天，睡個懶覺、買菜、洗衣服、整理院子。休閒就是看電視長片、足球賽或拳擊的錄影；口味重一點的家庭，就在孩子們睡覺後看成人片。他們哪有時間與心情去美術館、音樂廳！去幹嘛？中國人快走上美國人的途徑了，只是今天的中國人都會玩麻將，使生活可以忍受一些。

　　傳統的中國人不是這樣的！市井的民眾休閒生活很少，他們靠工作伙伴的友誼活動，與偷閒的小聚為樂。一瓶酒、一碟菜，可以忘憂。而傳統的讀書人則過的是精神生活，他們的天地在書房裡！

　　我們要說到正題了。中國的休閒生活是以個人的心靈滿

足為主，讀書人必須有一個很充實的書房。外國朋友看到我家裡那麼多書，立刻想到我是一位教授。可是我的書與教書工作沒有必然的關係，它們是我休閒生活的基礎。中國式的休閒，不論是琴棋書畫，或詩文的吟詠，基本是個人的活動。中國讀書人並不熱衷於社交活動，君子之交淡如水，即使相見生共鳴，也是以文會友之意，切磋心靈生活的進境，互相產生共鳴。古代文人交友，都能肝膽相照，但摯友甚難相聚，並不構成休閒生活的一部分。古人的蘭亭集不過只是一件事，就成為千古絕唱了，可知社交生活在我國是少有的。

　　把自己關在書房與後花園的中國讀書人，沒有音樂廳可去，只有一具古琴；沒有圖書館可去，只有自己的書架；沒

中國讀書人家中的博古架。

中國讀書人的傳統書房。

有美術館可去，只有博古架上的那些東西。你可以知道，傳統的士大夫為何依靠書畫文物為生的道理了，那是他們的營養，是精神食糧。可憐的老夫子們，如果沒有文物的收藏，他們就沒有精神寄託了。在他們看來，收藏文物是與投資無關的，喜歡文物而著魔的人是賣了祖先的土地買古董的，他們把自己的生命與這些東西連在一起了。真正的，文物收藏的興味，正是這種傳統古人的傳統收藏觀念所培養出來，與西方的收藏觀是大不同的。讓我為諸位細述一番。

一、識古的興味

中國的文物收藏家大多把古物視為癖好，而以面對古人為樂，這多少與我國文化重古輕今的特質有關，我們對古代是特別嚮往的。由於時間的阻隔，古代對我們而言是神祕的，經由歷史的記述，對古代我們知道一鱗半爪。有時候，我們會以自己的想像去重建古代動人的故事，然而這種想像式的重建，有時候連自己都被騙了。

中國文化的性質，使古物成為古人神遊歷史時的觸媒。古物激發讀書人的想像力，中國自古以來，是一個重道輕器的文化，所以歷史的記載非常簡短，只把當時視為有關於世道者，簡筆帶過，幾百年的歷史，簡化為幾十萬字的、條列式的記錄。但在生活的層面上，中國人很重視器物，物質文化不遜色於西洋，然而在史書上很少著墨，所以中國看古代是隔著一層文字的迷霧來了解，這就形成獨特的釋古遊戲的文化了。

元代趙孟頫《蘭亭圖卷》，台北故宮博物院藏。（© 國立故宮博物院）

　　此為前文提到的，東晉時候王羲之寫了一篇〈蘭亭集序〉，記述當時一段竹林會友的故事，他的書法被視為神品，在六朝時已被奉為寶物，據說唐太宗指定把這張〈蘭亭集序〉陪葬了。可是這段故事是美麗的文字描述，美麗的書法所呈現，所以為文人所傳誦，後代不只一次有畫家想重建此景觀。在這個故事裡，除了竹林比較容易重建外，有蘭亭，是一座小型建築；有流盃的溪水，有浮在水上的盃子，有一群文人，都要憑想像去重建。找出故宮的那些古畫來，就可發現，每個時代的畫家，想像的都不太相同。建築不用說了，畫家當然是把宋代以後的式樣來構想晉代。最關鍵性的器物，其實是一只盃子，故事中有「曲水流觴」四字，也只有這四個字，最能引發想像力。一條小河緩慢地流著，有童子把酒盃斟滿放進河水上，讓它漂流，這些文人在河邊聊天，隨手撿起盃子飲酒，多瀟灑的酒會！可是真有其事嗎？酒盃真可以放在水裡不傾倒嗎？畫家們想像的美麗畫面是把盃子放在一張樹

明代仇英《修禊圖卷》，台北故宮博物院藏。（© 國立故宮博物院）

葉上，樹葉浮在水上漂流。這一點，連畫家自己都不會相信吧！怎麼拿得起來呢？

今天我們知道原委了，原來六朝以前的觴是木製的漆器，形如蛋，兩邊有翼，現在叫耳杯。十幾年前我買到一對青瓷的耳杯，正是王羲之時代的東西，這東西不值什麼錢，可是放在我的手上，使我閉上眼睛，可以比較明確地看到當年曲水流觴的故事。我興奮得幾天睡不著覺。古人實在有趣，古物是通向古人心靈的橋梁！它使古代重現後非常實在！使我們超越了唐宋元明清五代，更加了解六朝時故事的真象！

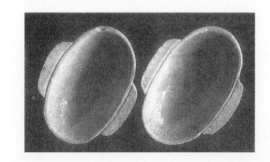

青瓷耳杯一對。（漢寶德提供）

唐代陶牛車，澳洲墨爾本維多利亞國立美術館藏。
（National Gallery of Victoria, Melbourne）

唐代彩繪女立像，澳洲墨爾本維多利亞國立美術館藏。

　　各位知道大唐盛世是中國史上最偉大的時代，但是後世除了唐明皇、楊貴妃的想像之外，對當時的民情與藝術，知道仍很有限。各位如果想對大唐有點直接的接觸，就到古董店去走走。如今古物已經不值錢了，唐代的土器，瓶罐杯碗也好，男女人俑也好，破破爛爛，到處都是。如有古董店指著一些面貌模糊的紅土陶俑說是漢、唐人物，不要以為是假的。那都是大陸農民亂挖出來的真品，只是量多價廉，幾千塊就可買到一件，上萬已經可以買到像樣的了。自這些粗品中，我們可以看到小民的卑躬屈膝，貴族的趾高氣揚，武士的勇猛，文士的沉靜，上千年前的東西放在案頭，唐朝的長安被我們拉回來了！

二、辨古的興味

　　中國人既然是好古的民族，而古人的休閒依賴古物的收藏，自然就出現市場問題。在過去，沒有考古發掘這件事，只有盜墓，而墓原則上是不准盜的，就出現有東西不准公開拿，偷拿者因而發財的現象。不用說，市場上的東西永遠不能滿足收藏家的需求。

　　這個問題自古就存在了，為了因應市場的需要，古物商人就做假古董。中國的讀書人生活在假古董之中已經有上千

唐代勇猛的武士俑，洛杉磯郡立美術館藏。
（©LACMA）

唐代三彩武士俑，美國西雅圖亞洲藝術博物館藏。
（Seattle Asian Art Museum）

年了。由於古物假的很多，古人又有無法辨別真假的困難，所以分辨文物的真偽，成為念書人腦力灌注的所在。老實說，他們被騙慘了。分辨古物的真偽是專門學問，請問各位有多少人敢說有分辨真偽的能力？可是，今天愛好古物的人太幸運了，如果真有興趣，花上三年兩年的功夫，一定成為業餘的專家。古人可就難辦了。

要想分辨真偽，先要看到真品，再比對偽品。所以見到絕對可靠的真品是最基本的條件。今天並不難，世界第一流的博物館都有精彩的真品經常展出，最靠得住的是考古發掘的出品，在大陸的博物館都可看到。即使不能完全看到，也可以買大部頭的畫冊。現代的印刷技術太高明了，任何博物館都有出版品，只要是彩色印刷，這些出版品所呈現的圖片，完全可以相當於原物。換句話說，只要花錢買幾套書，可以在家裡細細揣摩真正高級文物的特色，也可以用來做初步的比對。只要不想欺騙自己，要認識古文物，並不是非常困難。

可以想想古人的難處，他們所依賴的只是道聽塗說的傳聞資料，何嘗見過真品？即使見到，又怎知是真是偽？很多重要的古物都在深宮內院，只是聽聞，未曾見到，即是有幸見到，也是驚鴻一瞥。最容易了解的是字畫，古人製造偽古畫之數量難以計算，因為製造起來太方便了。由於會畫的人很多，又不需要也不可能比對，所以假畫可以隨便做，只要大體知道古代某一畫家的風格就可以了。因為無法比對，連圖章都可以摹刻。所以字畫真偽的分辨完全看眼力，過去的念書人經常賣了土地去換幾張偽畫，日夜觀賞摩娑，沉醉其中。若沒有這些假畫，他們的後半生怎麼過得下去？

十幾年前，當時古物資訊並不流通，市面上有很多非常美觀、古雅的大型絹底古畫。有些構圖真不錯，若不細看，筆墨色彩也上眼。題款有名家，也有不太知名的小名家。我也附庸風雅，花了幾個月的薪水，買了一張所謂仇英[1]的作品。之所以買這幅畫，是因為畫的主題是仙山樓閣。看看筆墨，似乎不錯，在表面「皮殼」看，是一幅古畫。自從我掛在牆上後，有不少畫家朋友來過，請教他們，無人敢有定論，甚至有人認為「為什麼一定說它是假的？」，如果我真有興趣拿它做文章，還可以消磨不少時間呢！這類的畫，私人有、故宮也有。

明代仇英《仙山樓閣圖》軸，台北故宮博物院藏。
（© 國立故宮博物院）

清康熙「銅胎畫琺瑯菊花紋方壺」，台北故宮博物院藏。（© 國立故宮博物院）

　　二十年前，家岳父七十歲大壽，把他收藏的古董字畫拿出來，供子女抽籤，內人籤中一宋代瓷碗，兄弟姊妹無不羨慕。這碗為家岳珍藏多年，為抗戰時購買，內人抽中，他還說了一段應予寶愛的話，我們就把它珍藏起來，若干年未去檢視，後來我在文物上略有進境，想起此碗不免起疑，拿出來看，果然是假的，這種情形在過去的世家大族中太平常了！可是各位不要以為有了博物館與大畫冊，我們就不怕遇到偽物了。不然，所謂道高一尺，魔高一丈。今天的偽造者比起古人來不知能幹多少倍！他們手上的技術，包括電腦科技，都可以派上用場。學術界研究出那個時代的古物有哪些特點，不多久新仿品就可把這特點包含進去。辨別真偽的遊戲會永遠持續下去，這幾年市面上當然仍有些非常差的偽品，也有

很多有錢人上當，可是也有些即使是行家也很難鑑別的高級
偽品。

　　如果市場上完全沒有假貨，收藏的興味會怎樣呢？相信
你也會想到，很多人會失掉興趣。會買到假貨，以及看到別
人買到假貨，是古物收藏遊戲中非常刺激的一部分。如果市
上全是真貨，只要有錢就可買到，那有什麼趣味？興味之一
正是有冒險的期待。收藏家聽說哪裡有東西就迫不及待地想
看，原因之一就是想接受挑戰，看看自己的眼力，擺在眼前
的東西是真是假？如果真假莫辨，又價錢合適，要不要下手？

三、玩古的興味

　　文物收藏如果只是知性的趣味，只是真偽分辨的趣味，
那還不能得到那麼多人著迷般地投入。文物的真興味，在於
「玩賞」二字。玩、賞之內，當然也有識、辨的意思，但其
精義在於把玩、欣賞，亦須將文物視為近身珍愛之物，這在

清康熙「宜興胎畫琺瑯果碗與方壺」，
台北故宮博物院藏。

外國可說是極其少見的一種文化。外國人喜歡收藏文物，欣賞是很普遍的，鑑別是必然的，所以他們稱為鑑賞，英文就是 Connoisseurship，所以他們比較嚴肅，大多動眼不動手；而中國人收藏文物如果不動手，興味就失掉大半了。

中國的文物中，玉器受到大家的普遍愛好，原因之一就是玉器可以把玩。在過去，不但小件的古玉繫在身邊，可以不斷地把玩，仔細地欣賞，即使大件的玉器琮璧等，也經常上手，所以故宮的玉器，都很溫潤，看不到出土的痕跡。過去的收藏家認為玉，如果未經把玩，其美質不能呈現。由於玩賞的需要，所以中國的古物，大型而有特殊價值的，當然十分昂貴，特別小而雅緻的器物，常常也是價格不菲。清朝康雍時代的小瓶小碗之屬，非常細緻可觀，可用放大鏡欣賞，我們也買不起。

清朝有一種外國傳來的東西，在中國貴族間大為流行，就是大家熟知的鼻煙壺，這種東西在外國只是一種實用物，

鼻煙壺，美國西雅圖
亞洲藝術博物館藏。

鼻煙壺，美國西雅圖
亞洲藝術博物館藏。

鼻煙壺，美國洛杉磯郡立
美術館藏。（©LACMA）

到中國就成為大家所喜愛的藝術品，乃是因為有「玩」的功用，可以握在掌心，反覆摩娑，又可近賞。近幾年來，鼻煙壺的收藏風氣很盛，十分精彩又有細賞價值的，動輒以數萬美金計。中國人稱古物為「古玩」，實已道盡文物收藏的精神。

文物中，特別以文人使用的器物，最重視玩賞價值，故稱為文玩。過去的文人身邊與案頭之物，莫不精緻美觀，在詩書之餘，追求精神上的樂趣。硯是文人不能少的器物，古物流傳下來的數量非常大。古物重實用，但宋代以後，花樣翻新，在造型、刻飾方面，爭奇鬥妍，很有看頭。近來的仿品，過分龐大，已失掉玩的價值。

因為價錢不貴，我也附庸風雅，收了幾個唐宋的古硯。這些硯，大多可以上手，造型簡單，輪廓優美，線條剛勁有力，可以反覆把玩欣賞。我把它視為案頭上最高級的藝術品。從這樣高貴的造型，到清末以繁飾取勝的作品，可以看出中國文化日趨墮落的走勢。做出這樣美的線條的中國人，曾經領導世界是無可置疑的。所以玩賞文物不一定花很多錢，在我少數古硯的收藏中，有一件是唐硯，日本人視之為寶，是由一件破了的澄泥硯再黏合起來，所以價錢負擔得起。我時常放在案頭，以手把握揣摩唐人如何使用這種泥硯。這只硯仍然有很明顯的墨餘，所以它是當時使用過的。我們可以想像，唐人的墨應該比較容易研開，否則就是研墨的硯與寫字時用以順筆的硯是分開的。很可能另有硯把墨汁研好，倒在此種小硯裡，以供使用，若不是這只硯已經破裂，我一定這樣使用它。

宋代端石括囊硯，台北故宮博物院藏。（© 國立故宮博物院）

明代楊士奇銘端石子石硯，台北故宮博物院藏。（© 國立故宮博物院）

　　這就是玩賞的趣味，在文人的案頭除了硯之外，有水盂或水注，有紙鎮、有臂擱、有筆架、有筆筒，真是不一而足，洋洋大觀，我常常把小型的銅佛或大型的把玩觀賞的東西放在案頭。書案上是十分熱鬧的，近來市場上竹刻的筆筒很吃香，主要是大家對可以把玩的文物有興趣！

　　文物收藏的興味是豐富的，但是如果不能克服幾個心理的障礙，也有令人掃興之處，那就是經濟的條件。下面容我向有收藏興趣的朋友提出幾個小小的建議。

（一）量力而為，不跟風潮

　　文物收藏最大的問題是經濟條件。古董在過去是有錢人玩的東西。中產之家，或靠薪水吃飯的人是不能談文物的。近年來，由於大陸流出的古物很多，而台灣的經濟情況不錯，文物收藏成為人人可以享受的休閒活動了。可是一旦進入這個領域就會發現，你的錢永遠不夠，如果著了迷，而又希望擁有所見到的一切，那就很痛苦，所以切不可有貪念。

　　信不信由你，古物不但有市場的起伏，也有風潮，幾年前，陶瓷當道，這幾年，佛像風行；幾年前高古看好，這幾年明清受寵。可是人與古物的關係應該是不變的，所以培養自己的興趣，由自己主導，最為瀟灑，如果你能夠喜歡大家所不喜歡的文物，就有機揀到便宜。

　　比如在過去戰國、兩漢的陶器被視為珍寶，可是如今丟在古物店的牆角。有些戰國時期的灰陶，有印文，有樸素的

造型，小型而精細的，放在案頭，絕不遜於後代之精品。如
果養成「貴就是好」的壞習慣，在收藏的興味上就大打折扣
了。有錢的收藏家，非在拍賣場花大價錢搶來就不過癮。所
以在國際市場上，中國人也常做凱子，興奮起來，超過市價
買來不太靠得住的東西，是常有的事。張學良先生的東西，
拍賣時價錢都過高，就是因為張先生的名氣；至於我們是在
收藏文物中找興味的小人物，不必花這些冤枉錢。

（二）不以稀為貴

收藏家大多有一個毛病，就是希望自己的東西有特色，
在心中暗暗與其他人較勁，甚至與故宮收藏比，以滿足空虛
的成就感。有這種想法是人情之常，當然也未可厚非。可是
要堅持這樣做，在財力不足的情形下，常常會犧牲收藏的興
味，模糊了審美的眼光。這些年來在拍賣場裡爆出天價的東
西，藝術價值未必高，而是一些稀奇古怪，難得一見的東西。
就是這句話，「難得」嘛！以難得為價格，就是物以稀為貴，
就是市場價值。一般知識分子的收藏家沒有這個條件，也不
應該採取這個方向。

中國的青瓷有悠久歷史，自越窯開始發展，在過去的東
漢到六朝的越窯器，是十分受重視的。可是近來被盜墓者大
量發掘，越窯器已太多，成為薪水階級可以收購之物。往日
東晉的辟邪與羊型器，是屬於上上品的東西，如今舉手可得，
收藏家不屑一顧了，他們要的是那種辟邪上再騎一個仙人，
造型古怪，不甚美觀的東西，真正懂得享受古物的人有福了。
越窯東晉時的盂、盤、罐，有樸質與均衡之美，是非常美的

明代青銅鎏金菩薩坐像，台北故宮博物院藏。

西漢灰陶加彩陶女、男俑，台北故宮博物院藏。

東西，幾乎沒有一件不值得欣賞的。這些瓷器，都有整齊的
弦文或印文，明亮、深沉的釉色，器身堅固可用，放在案頭，
絕對可改變你的審美觀，提高審美層次。

（三）不苛求完美

收藏家這一種人還有一種毛病，就是完美癖。「完美」
在這裡指的不是美學上的完美，而是器物本身完整無缺之美。
對於專業收藏家而言，一件不完整，也就是有缺點的東西，
幾乎是完全沒價值，尤其是比較精緻的瓷器。

對於以文物收藏為樂趣的人，一件很好的器物，若不幸

五代越窯秘色青瓷洗，台北故宮博物院藏。（© 國立故宮博物院）

明永樂翠青釉三繫蓋罐，台北故宮博物院藏。（© 國立故宮博物院）

西漢晚期玉辟邪，台北故宮博物院藏。（© 國立故宮博物院）

東漢玉辟邪，美國洛杉磯郡立美術館藏。（©LACMA）

有一絲細裂紋，或些許殘缺，其實沒有什麼影響。因為其藝術的、科學的價值，並不會因而降低。比如古希臘傳下來的維納斯像，兩臂殘缺，仍被視為古典美的典範，有人說，如果兩臂俱在，可能無法像今天這樣凸顯其女性胴體之美。你可以說，殘缺是一種剪裁，是達成美的手段之一。

古希臘維納斯像，巴黎羅浮宮藏。

　　我就是這樣一個專收殘品的玩家。完整的太貴，又不美觀，我們就揀人家不出高價的東西。我的收藏中有一件唐代土器，是鎮墓獸，這種東西實在不討人喜歡，不但其用途不宜在家陳列，其造型古怪，亦令人厭惡，可是我這件，因為殘缺，頭上兩支角斷了，顯現出一隻標準唐代的獅子頭，其勇猛造型，是我所見最美。唐代的石獅、三彩獅，甚至銅獅，我見到不少，可是在雕刻之美上，我這隻可能名列前茅，所以當時我買的時候，儘管價錢不便宜，我還是忍痛搬回家了。回顧過去幾年，我因此而買了很多「垃圾」，都是基於這個理由。這種東西沒有交換價值，想投資是不能買的，可是卻可給你無盡的愉快。我常常想，一個不會在殘破中找到美感的人，根本不應該收藏古物，他們只是把古物當股票炒而已。

（四）不與同好競爭

世上很多不愉快的事，皆因與別人比而造成。要比較，凡事都有高低，你無法使自己處處比人強。家裡的財富、學業的成就、自己的相貌，無不使人氣結。古人說「人比人，氣死人」，照照鏡子看，覺得還過得去；可是站在帥哥面前，立刻就臉上無光了。家裡的黃臉婆，打扮一番也還可以，如與人家如花似玉的明星夫人相比，那要回去自殺了，所以做人不但要滿足，而且要在平凡中求真正的美感。

收藏文物，特別是如此，量力而為，就自己的愛好而收藏，然後反覆把玩，不忍釋手，一件器物可以愈看愈好，愈玩愈美，終於與自己發生感情。這是非常個人化的情趣，與「情人眼中出西施」的道理是一樣的，如果喜新忘舊，處處與別人的收藏比對，那就痛苦不堪，失掉了培養心性，排遣情緒的原意，又何苦來哉呢？

可惜做到這一點，也不太容易，所以有人認為玩古董有助於修養，是不一定的。文物雖有很高的精神價值，但也不能否認它是「物」，古人說「玩物喪志」，可知對文物著迷，是很容易喪失心智的。在過去，不少達官貴人，掌權之後就沉迷於文物，百般索求，甚至貪私枉法在所不惜。為了一張古畫，非到手不可，這類的故事，所在多有，實在有損文物的真精神，妙的是古人並沒有鑑別真偽的本領，假貨充斥，也是這樣產生的。

前面我提到，中國式的休閒本來就是為了個人心靈生活

的充實。這裡有一個先決條件，就是具備心性的空間。如果你是一個尋求心性生活的人，那麼文物收藏會為你帶來極豐富的興味，即使文物的一鱗半爪，也會為你帶來無盡的愉快；如果你是尋求刺激，不時為自己找獵物的人，文物收藏也可達到某些目的。但是在那種情形下，文物與否就不太相關了。我也偶而遇到朝代先後不分的收藏家，也見過以尋寶為目的之收藏家。他們也很愉快地享受收藏文物的興味，這樣的收藏家全在一個「得」字。得到某件東西所帶來的興味，確實很令人興奮，然而其興味持續非常短，需繼續不斷為「得」而努力。得了一件，不過興奮幾小時，最多幾天，又要去尋找下一個獵物，這就是大收藏家產生的原因。到後來，連自己收藏些什麼都不記得了，只記得想得而沒有得到的東西。這樣的收藏家，再多錢也不夠用，再大的收藏量也嫌少。他們大多有我在前文中舉出的毛病。有了他們，博物館就產生了，但他們自己毋寧是很痛苦的。

收藏文物要完全不受這些世俗蔽障的影響是不可能的。收到一件得意的東西，誰也免不了有向親朋好友炫耀的心理。如果財力許可，誰也會想買一件很搶手的東西。要點是不要被這些慾望所控制，否則就成為文物的奴隸了。所以文物收藏並不一定培養出高尚的德性。是性情與文物的交融，提昇了心性的境界。

有一位收藏家把自己的收藏命名為「暫得」，這是一種體悟。收藏文物的人到了某一種境界，必然會感到人生短暫，文物之來到我面前為我所得是一種機緣。在我身後，這些為我所寶愛之物會流落何鄉，實非我們能控制或支配。古人把

商晚期帶有殘缺的銅器，美國洛杉磯郡立美術館藏。（©LACMA）

唐代銅鎏金護法獅，台北故宮博物
院藏。（© 國立故宮博物院）

它們帶到墳墓去，墓會被盜挖。你是一個尋求心性生活的人，
不帶去，會為子女帶來分產的困擾。只要看名畫上的收藏章，
有多少著名收藏家過手？而今何在哉！各位朋友，文物在這
方面給我們太多教訓了，中國讀書人，不論有無宦途，幾乎
多少都收藏些古物，但是有多少人真正體味到文物的興味，
是很令人懷疑的。所以興味不是文物帶來，而是發自你內心。
這就是古人說的閒情逸致，也就是我說的心性的空間。你覺
得心性中有這個空間可以容納這樣豐富的內涵嗎？

　　　　　　　　—— 1997 年 6 月《傳統‧現代藝術生活》，

台北國立歷史博物館出版

編註

1. 仇英（約 1498-1552），字實父，號十洲，中國明代畫家。
   早年曾為漆工、畫瓷匠，為人彩繪棟宇，後為文徵明所稱
   譽而知名於時。仇英以賣畫為生，周臣（約 1450-1535）賞
   識其才華，便教他畫畫，仇英臨摹宋人的畫作，幾乎可以
   亂真，山水畫和人物畫皆受周臣影響。仇英透過和江南地
   區收藏家們的交往，得以廣泛研習宋元收藏，並將臨摹所
   學的古代技法，轉化融會成就新意。舉凡入畫之文人品茶、
   賞琴、閒話、隱居、行旅、漁父濯足、橫笛等，或為設色，
   或為白描，皆生動精微。仕女畫企圖融合唐宋以來的畫風，
   勾畫細緻，姿態多樣，影響深遠。樓台界畫更是別出蹊徑，
   筆力清勁，傅彩精妙，已超出師承藩籬。

明代仇英《漢宮春曉》卷，台北故宮博物院藏。（© 國立故宮博物院）

02 中國骨董愛說謊

最近一年多來，報上常報導外國拍賣中國古畫與文物的消息，無非是某一幅畫或某一古瓷賣了多少百萬美元。聽到可以賺錢，中國人的耳朵就豎起來了，國內對古物的興趣就更加高漲了。我說「更加高漲」是因為原來中國人對於古物就特別有興趣。聽說有錢可賺，就發生了雙重的興趣。

少數朋友知道我有好古癖，以為我在古物漲價聲中，應該賺到了，不免好奇地問我。當我回答他們，我只賠不賺的時候，他們一臉疑惑：「我究竟在騙他們呢？還是我是個傻瓜？」其實我是個傻瓜，愛好收藏的人都是傻瓜。雖然傻瓜也可能瞎打誤撞，真正賺到大錢，但是這種運氣是極少的。收藏家中賺大錢的人，都是絕頂聰明。那是以收藏為投資，要觀察市場的趨勢，瞭解人性的弱點，與股市中賺錢差不了多少。這種收藏家並不愛好收藏，只是在玩股票而已。比如去年（1989 年）中國古物拍賣最大的贏家，倫敦鐵路公司退休基金，就是在幾年前把錢投資其中，現在則幾倍、幾十倍地大賺。這是人家投資專家的眼光嘛！我們這種傻瓜哪裡看得那麼遠，那麼準！

好古成癖迷心竅

真正的收藏家，不管有錢無錢，都是傻瓜。他們的喜好是一種癖，也是一種癡。用現在的話來說，是一種持久的興趣。有些人認為收藏古代文物的愛好是由於對文化的關懷與興趣而引發的，我最初也認為如此，但是我發現古文物收藏的同好中，不乏連中國歷代的順序都搞不清楚的人。因此我認為不要把古文物的收藏與人生的修養、文化的陶冶等正大

光明的目標連在一起，比較切合實際。當然，對有些人，古
文物確實有修養與陶冶的功能，但收藏衝動的心靈深處，確
實與此無關。它是一種癖、一種癡。癖是什麼？好比患了癢
症的痼疾，長年要抓，不抓就渾身不舒服；癡是什麼？好比
患了單相思，想念他，茶飯無心，幾日不見如同隔年。癖與
癡加起來，其嚴重性像抽鴉片菸，習慣了就有癮頭，又像著
了魔，如同賈寶玉看女孩子一樣，迷糊了心竅。

　　何以見得？這幾年來，我目睹或風聞很多收藏家，平日
簡樸節省，即使幾十元也要計較，但見到了心愛的骨董，雖
數十萬元也面不改色，乖乖地自床底下捧出鈔票送上，眼睛
看著心愛東西的那種神情，與看到情人沒有兩樣。這不是癡
是什麼？這些人有點錢，並不是十分有錢，每次買了一件昂
貴的東西，不免告訴自己這是最後一次了。又常自問，我這
樣大筆花錢，對嗎？可是不到三天，癢症又來了，又按捺不
住拜訪骨董店的衝動了，這不是癖是什麼？

　　但是很少有其他癖好，像
收集骨董一樣，最後得到非常
良性的結果。古代的文物若沒
有前人好古之癖，就無法傳到
今天。故宮博物院的收藏大多
是乾隆皇帝[1]的癖好所得，到
今天，成為我國最重要的文化
財產。所以愛好收藏骨董的人，
到了某一種程度，就會把自己
的癖好投向故宮。不是打算把

乾隆皇帝收藏展專刊書影。

東西捐給故宮，而是想自己成立一座博物館，或至少成立一間陳列館，讓後代可以永遠看到自己辛苦收集的寶貝。可惜的是這種願望很難達成，大部分的收藏家，只是便宜了對文物懵然無知的下一代而已！

外國朋友與我談起中國傳統的缺點，我隨口就說：中國人的缺點有三，一為愛錢，二為嫉妒，三為愛骨董。愛錢則輕道義，嫉妒則不團結，愛骨董則失掉靈智。據我淺薄的了解，中國傳統知識分子沒有不喜歡骨董的。他們除了念古書、準備考試、做官之外，就是玩骨董。這是一種雅癖，自二十幾歲就培養興趣，到了老年，就靠它滿足精神生活的需要。但是骨董把中國人害慘了，與鴉片菸一樣；念書人在古物、字畫之間團團打轉，自我封閉，消耗掉中國人最聰明的頭腦，像這樣一個文明的民族淪為貧窮、落後的東亞病夫，為天下人嗤笑！

前文才說好古所癖可以為後代保存文物，此處為何又說好古癖害了中國人呢？原來，我國古人過分的好古癖，老早把「古」搞成商品，弄成一筆糊塗帳了！假骨董始於何時，我們並不清楚，可是據現代美術史的研究，利用考古的技術去了解古文物之後，就發現古人寶愛的東西，大多是骨董店的傑作。過分好古的人都是容易上當的人，中國的讀書人被陷在真真假假的泥淖裡，從此逃不出來了。他們自我欺騙，著了魔，完全失掉了透視未來的靈智，至少一百年了，所以革命先烈在結盟時，曾有「不玩骨董」的約定。

造假成風難辨真

　　中國人只有好古的感情，沒有考古的本事，尤其是讀書人，好古而不求甚解，而又喜歡以今釋古，在文學上大作文章，這個毛病出在「重道而輕器」的文化特色上。比如說，中國人無不知道戰國時代藺相如的「完璧歸趙」的故事，秦始皇對這只「和氏璧」喜愛如此之深切，甚至要以領土來交換，但這只是當時天下第一的璧，究竟是什麼樣子？上面有什麼刻飾？有多大的尺寸？居然毫無記載，若是外國人，恐怕早已圖之畫之，留傳給後代了。

　　什麼時候中國人才注意到器物呢？皇帝要舉行典禮的時候。宋初開國時，要有點威儀，器物屬於典章制度的一部分，就命太常博士聶崇義[2]考證古禮，把典禮需要的器物照「三禮」所描寫的畫出圖樣來。這本《三禮圖》就被中國人視為古代文物圖譜約一千年。在今天看來，這本圖冊真是一個大笑話！幾乎完全出於臆造！我注意到這本書，是因上面畫了周、秦明堂與王城的圖解，普遍為建築史學者引

晉太常博士聶崇義輯注的《三禮圖》。

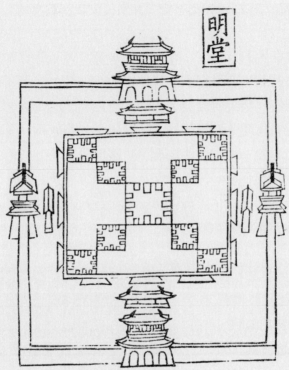

《三禮圖》中的明堂圖解。

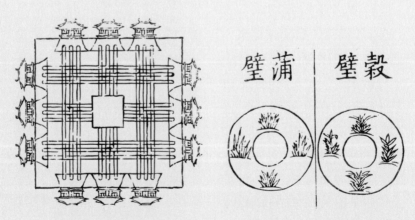

《三禮圖》中的王城圖解。　　　　　《三禮圖》中望文生義的玉器圖解。

用。我得到這本書的影印本如獲至寶，直到後來我喜歡文物，查閱該書上的禮器圖，才發現這是一本妄書！隨便舉例來說，古書上有穀璧與蒲璧 3 這兩個名詞，今天略通玉器的人就知道其意指為何，聶老先生畫的圖卻是，穀璧者，璧面上刻了四束穀子；蒲璧者，璧面上刻了四束蒲草 4 ！這樣望文生義，隨意翻譯，居然都會成為宋朝的制度，豈不荒唐！

至於繪畫，其真假莫辨，則是無知之外，另帶欺騙的結果。中國古來就喜歡收藏字畫，據說唐太宗曾為得到王羲之的《蘭亭序》5，不惜使用欺騙的方法。但是字畫的材料，不論是紙或絹，其保存之困難尤其勝過銅器與玉器。大凡上流社會寶愛之物，就會有聰明的商人，在落魄文人的協助下，製造贗品，換取財富或地位。因為古人的作品幾乎沒有實物存在，後人也就無對證的可能，只要有高明的做舊技巧，加上三寸不爛之舌，大概可以過關。

這些東西一旦到了名收藏家手上，再轉到宮中，蓋上乾隆皇帝的大印，就鐵證如山，當真品看待了。所以故宮博物院有不少六朝、唐代、宋朝的古畫，實際上都是這種自欺欺人的東西。

為什麼說「自欺欺人」呢？大凡這種贗品如果收藏家沒有一點自我欺騙的心態，就沒有那麼容易被人所欺。如果今天有人示你以一幅宋代的偽畫，你怎會輕率地接受它是宋代的作品？自己若是沒有心理上的弱點，這種事是不容易發生的。讀書人心理上的弱點是什麼？**一是貪，就是希望得到一幅宋代繪畫的貪念。**由於這一絲念頭，在真假莫辨的情形下，

王羲之的《蘭亭集序》。(翻攝自網站)

會偏向於承認其為真而放棄心防；**一是傲，就是不肯承認自己實在不能分辨的傲氣**。由於商人大多能言善道，又喜逢迎，就糊里糊塗上當了。貪與傲就形成心障，自欺而不自覺。為了證明自己是正確的，中國讀書人不走考古的路子以求證，而用欺人的方式以求肯定，這就是中國書畫上慣有的題簽之原因。一幅偽作或真假不辨之作，把自己說服了，怕別人不相信，就在上面題了大字，某某人真蹟等等。張大千的收藏中有些題字是如此，古人的例子更是太多了。中國的古畫認真說來，真品恐百不得一，而多少知識分子就把精力耗費在真偽之辨上！

試想過去的讀書人，人人會畫，個個臨摹，做假畫早已合理化為教育系統的一部分了，要在成千上萬的作品中找一張真品，豈不是大海撈針？所以美國的大拍賣公司很誠實，他們盡其可能去鑑定，但「知之為知之，不知為不知」，是真是假，請君自己負責！正是這種真真假假的懸疑感，才有戲劇性，才把中國人迷惑了千百年，投入其間而不克自拔！

——《聯合報》繽紛版，1990／5／19

編註

1　台北故宮博物院曾於 2017 年 12 月 8 日至 2018 年 3 月 7 日舉辦「品牌的故事——乾隆皇帝的文物收藏與包裝藝術」特展，計展出「打開藏寶箱」、「最愛古董」、「珍藏寶貝」與「乾隆品牌」等 4 個單元。

2　聶崇義，河南府洛陽縣（今河南省洛陽市）人，是五代十國至北宋初的經學家。三禮乃《周禮》、《儀禮》、《禮記》之合稱，書中有圖共計三百八十餘幅。

3　古代瑞信玉器之一種。為六瑞之一，用於朝聘。《周禮·春官》載：「王執鎮圭，公執桓圭，侯執信圭，伯執躬圭，子執穀璧，男執蒲璧。」天子鎮圭一尺二寸，中央有孔；公爵桓圭九寸；侯爵信圭七寸；伯爵躬圭五寸，孔在下端。穀璧是琢穀紋的璧，有一凸起的圓釘，帶著小尾巴，像剛發芽的種子。蒲璧則是琢蒲紋的璧，由三種不同方向的平行紋，交叉而成。

4　按《周禮·春官·大宗伯》載：「子執穀璧，男執蒲璧。」鄭玄注：「穀，所以養人；蒲為席，所以安人。二玉蓋或以穀為飾，或以蒲為琢飾。」

5　晉代書法家王羲之所作的《蘭亭集序》，有《禊序》、《蘭亭序》、《禊帖》、《臨河序》、《蘭亭宴集序》等不同名稱。晉穆帝永和九年（353 年）三月初，王羲之與兒子王凝之、王徽之、王操之、王獻之，孫統、李充、孫綽、謝安、支遁、太原王蘊、許詢、廣漢王彬之、高平郗曇、餘姚令謝勝等「少長群賢」共 41 人在會稽山陰集會，為蘭亭集會，當時有 26 人作詩 37 首，後輯為《蘭亭詩》。《蘭亭集序》是王羲之為《蘭亭詩》寫的序言。

03　漢代文化的剪影——武氏祠石刻

　　數月前應邀在《中央副刊》發表了一篇戲作：〈墨拓天地〉，介紹我手邊的一些拓片。有一位朋友問我，你所藏、所見的墨拓中，最使你覺得有價值的是什麼？我告訴他是最近見到的武氏祠拓片。說到武氏祠，也有一段小故事。

　　在〈墨拓天地〉一文中，我曾提到早年買武氏祠墨拓小品印刷品的事。其實自從我喜歡拓片以來，最使我魂牽夢縈的就是武氏祠。在過去，中、小學的教科書上印著的馬車黑影子就是來自武氏祠的拓片。有名的「孔子問禮老子」圖也出於武氏。可是在十幾年前，神州一片黑暗，音訊全無，要想摸到武氏祠的原拓，簡直是不可能的夢想！

從拓片揣摩漢代建築

　　我對武氏祠這樣嚮往，還有一個冠冕堂皇的理由，那就是它與中國建築史的關係。在中共大量發掘古物，並整理出版之前，一切著作談到中國古代建築者，少數可以引用的具

《孔子問禮老子》圖。

伊東忠太所著的《中國建築史》
以畫像石說明漢朝建築屋脊。

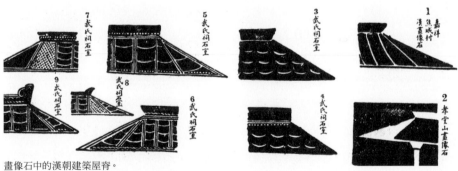

畫像石中的漢朝建築屋脊。

體材料之一就是武氏祠石刻畫像。在今天看來，武氏祠上的
建築形象實在非常有限，而且簡單得很難揣摩出它的原貌，
可是當時這一點零星的資料已經可以大做文章了。日人伊東
忠太所寫的《中國建築史》[1]，在漢代建築部分所使用的圖像，
就是武氏祠上的資料。

武氏祠上有幾個簡單的建築圖形，柱子上面好像有個柱頭樣的東西，歷史家就說漢代的中國，柱子上是有西式柱頭的；柱子下面好像有個不規則的東西，歷史家就說當時的中國，柱子下是以未經雕刻成形的自然石塊當柱礎；屋簷下面有個大力士或動物的形狀，他們就說漢代的柱子有時雕成人物與動物的樣子。屋頂的形狀，除了上面有仰瓦的瓦隴之外，圖樣不容易解釋，大家就不做解釋。在今天看來，有些解釋並不一定合乎實情，如果我能弄一份原拓，便可以仔細加以研究，比對現代的資料，提出我的看法。

話說十數年前，某星期日到光華商場閒逛，有一位賣古字畫的老先生告訴我，他有一套武梁祠的拓片，我聞言大吃一驚，趕快問價錢。他表示要賣幾十萬，故宮出十五萬元，他不肯答應。在當時，股票、地價都還沒飆漲，這是一個很大的數目，我聽後心涼了半截。可是心想收藏這種黑東西的人不多，他未必賣得出去，以後我也許還有機會，就要求看一下。記得當時看了一角，但覺拓印之墨色潤透清爽，剔地之處斧痕宛然，十分迷人。自此以後，我一直記掛這件事。數年前，拜國家之福，我也跟著眾人有些餘錢了，第一件事就想到武梁祠的拓片，回到老先生的店裡問起來，他怎麼也記不起那件事了。做生意的人過手的東西多，也未可厚非，但這樣重要的東西，他居然忘得乾淨，居然也記不得賣給何人，想追一番都沒有線索，令人引為恨事！

大陸逐漸開放之後，不少友人與學生到彼岸旅遊參觀，偶爾會帶點拓片送我。我每收到這種禮物，就會想起武梁祠，武梁祠地處山東偏遠縣分，遠離一般觀光路線，其拓片在今

天是不可能商品化的。前年初，有一位與彼岸文物單位熟稔的朋友，知道我喜歡拓片，就問我喜歡什麼，可以為我找找看。我說大陸出土的文物為數甚夥，可拓的東西想來不在少數，要我說出最喜歡的，實在說不出來。但是我一直有個心願，就是擁有一套武梁祠的拓片，不知可以如願否？只要價錢在我負擔得起的範圍內就可以了。說過後，我不認為可能辦到，就淡忘了。

半年後，這位朋友打電話來，很興奮地告訴我，彼岸文物單位已經同意為我拓製一套，目前正計畫進行中。因為數量非常多，可能要費些時日。我忽然回憶起光華商場中所見，當時所謂「一套」恐怕不是真正的全套。一間石室中的拓片究竟會有多少張呢？我準備迎接夢想已久的黑君子，先對武梁祠進行一番了解。

兩千年墓室石刻出土

「武梁祠」，由於拓畫的流傳，無人不知，但它究竟是什麼東西呢？是一間祠堂嗎？為什麼存在至今呢？原來在東漢末年盛行厚葬，官宦人家無不在葬事上極盡糜費，除了有豐富的陪葬之外，就是經營墓室。所以漢代的墓室凡被發現的大多有富麗的石雕或繪畫。武梁祠是一間祠堂嗎？過去認為它是在墓上所設的祠，供後人祭拜用的。據學者研究，在漢時候盛行於墓上設祠，因為當時並沒有家廟的制度。如果此語當真，可以推想漢代有很多墓祠，只是經過近二千年的戰亂與天災，大多都湮沒了。「武梁祠」得天獨厚，大概因為嘉祥縣比較偏遠，沒有受到破壞。

其實武氏祠在好古的宋代已經為金石家們注意到了。唐朝時有沒有出土，目前尚有爭論，今天知道北宋的大文學家歐陽修[2]就曾為文提過。北宋時有學者正式以文物描寫的方式把武氏祠的幾座碑記錄下來，當時顯然有拓本流傳，可是那個時候，學者們比較感到興味的是「碑」。因為碑上有文字，文字不但能藉以知道當時梁氏家族的歷史，而且可以欣賞其書法，對於畫像，當時很難製版，恐怕不易流傳。最初亦沒有「武梁祠」的名稱，倒是「武榮」、「武班」、「武梁」等石祠因有碑文而共同受到尊重。

直到北宋末年，因為武梁碑上提到畫像的事，才正式被稱為武梁祠畫像。北宋以後，有五、六百年沒有人再提武氏祠的事。什麼道理呢？是因為金、元、明三代的知識分子對

1909 年的武氏祠。（取材自 Wikimedia Commons, ©Édouard Chavannes）

金石失掉興趣呢？還是因為黃河決堤把武氏祠重新埋起來了呢？也許兩者都有些吧！因為重新發現武氏祠是清乾隆末年[3]，一位有名的書法家黃易[4]先生在那一帶做官的時候找到，再次自淤土中挖出來的。

這時候正是漢魏碑拓流行，清代書法面臨體質性改變的時代。武梁祠的出現雖然沒有重要的碑文，那些八分書的小字是令人興奮的。何況漢學盛行，考古之風正熾，二十多塊畫像石的發現是驚天動地的。黃易為了保護這些寶貝，邀集一些同好，蓋了房子，把這些石版嵌在牆上加以保護。他認為「孔子問禮老子」的那一面太重要了，就移到濟寧他的住所，嵌在孔廟的牆壁上。武梁碑已經遺失，他把比較完整的武榮碑也帶走了。

自黃易再發現武梁祠後，又有多人去考古，陸續發現了很多畫像石。因為黃易當年發現了一對石闕，已經把它們清理出來，大家就知道這一帶是武家的祠堂區，這一對闕與漢朝流傳下來的其他處的雙闕畫像大致相同，顯然是祠堂區的大門。但是除了武梁祠的三塊畫像石明確知道歸屬之外，其他數十塊弄不太清楚，所以移為前室、後室、左室、右室。還有一些是在附近找到的，不知是否為武氏的東西，也都歸納在一起，稱為「其他」。

古拙石雕刻畫神仙世界

這時候，有考古癖的當代書法家，做大官的翁方綱[5]感動得要命，他雖然不寫漢碑，也視為珍奇，寫了很多跋，詩、

贊之類的文字，對畫像的評價甚高。清末以來，有不少詩文大家有系統地整理武氏祠的拓片，對其內容加以解釋，甚至用傳統印刷術試圖複製那些圖案，因此武氏祠可說是家喻戶曉的漢代文物了。中國大陸學者朱錫祿先生於 1968 年出版的《武氏祠漢畫像石》，收集了所有的拓片，甚至把被商人偷賣到外國的幾塊，也自書上轉載湊齊。一方面把武氏祠的歷史背景研究得很清楚，同時把每一塊石上的畫像都盡可能地加以明說，使我們對武氏祠有了完整的認識。現在所缺少的，是沒有人嘗試為這些「祠堂」復原。原來的「堂」是怎麼回事？其尺寸、安排如何？尚是一個謎。中國大陸目前所做的是嚴格的保護，好像沒有復原的打算。照理說，這不是很難做到的事，希望不久的未來能見到復原的計畫。

今年年初，我的朋友果然就把武梁祠的拓片全數帶回來了，大大小小總計有 80 張之多。到我手上那一天，我就知道這套東西並不是屬於我的，我只是暫時負整理保存之責，順便研究它的內容，有機會，我要把它們展現出來，然後就由博物館收藏，我對了一下朱先生出版的資料，這 80 張拓片算是很全的了，只是武梁祠中的一片破碎為三塊的石刻，左上角的一塊少掉了，可見中國大陸經歷紅衛兵的動亂，這套文物並未受到嚴重破壞，少掉的一塊很可能是漏拓了。

在這 80 張拓片中，真正屬於武梁祠的只有 3 張，但這 3 張也是內容最豐富，刻面保存較完整，因此拓本畫面也最清晰。我很好奇地把這 3 張的尺寸對一下，發現是一間小房子的三面牆，左右兩面上有尖，是小牆，尖上一邊刻的是東王公，一邊刻的是西王母。此屋高不過 2 公尺，長也不過 2 公

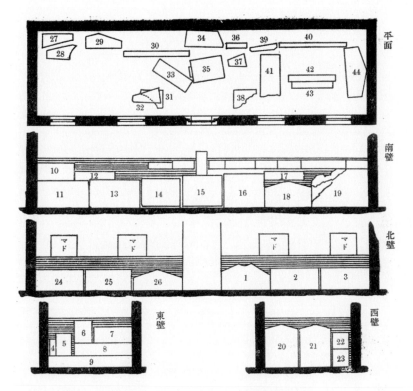

武氏祠堂內部畫像石配置圖。（取材自關野貞著《支那建築藝術》頁448）

尺多，想來另一面牆一定是入口處。這樣推想，所謂武梁祠
是容不下人的活動的，哪裡有這樣小的祠堂呢？

　　武氏祠的其他三室，畫像石的數量至少有十塊之多。我
試著去拼湊，發現很難湊成房屋。但在前室幾十張拓片中，
亦有 2 張是小牆形的，尖角上也是西王母等，可見亦有小室
一間。而前室、左室，每塊石板畫面的高度不過 1 公尺，推
想可能是疊起來的。如果我的推論正確，那麼每一間石室，
大概都是小房間，這些小房間不可能是祠堂，必然是墓室！

武氏祠西壁畫像。

武氏祠東壁畫像。

武氏祠後壁畫像。

前室第二石畫像。

前室第三石畫像。

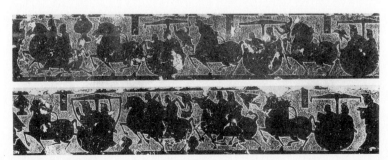

前室第四石畫像局部。

前室第五石畫像。

前室第六石畫像。

前室第七石局部畫像。

前室第十一石左面畫像，第一層是《荊軻刺秦王》。

前室第十一石右面畫像。

前室第十二石左面畫像。

前室第十二石右面畫像。

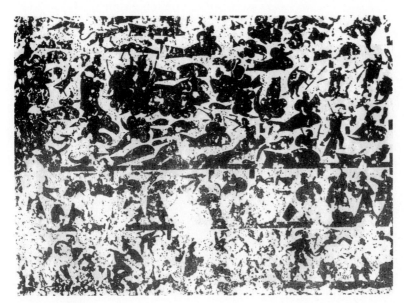

後室第一石畫像。

後室第二石畫像。

後室第三石畫像。

後室第四石畫像。

後室第五石畫像。

　　我不成熟的推論是，目前發現的 3 間石室，並不是祠堂。原地保存下來的雙闕、雙獅當然是武氏祠的大門，但是祠堂為地面建築，可能是木造建築，早已在歷史的洪流中沖蝕而不見去向了。自北宋以來所記錄的只是墓碑與墓室內石刻而已。由於石闕上有武氏祠三字，在遺失的武梁碑上曾有建祠的話，所以自古以來就以為這些石塊來自祠堂，只是「想當然」而已。浮雕手法古拙，神仙世界是當時的信仰。在東漢時代，中國的藝術表現力已經相當成熟，近年發現的泥塑，如紐約大都會博物館收藏的女像，極為生動，漢代的藝術，以空靈羽化取向，多曲線，尚輕巧，表現在各種藝術形式中，但是山東人自古以來就很老實，他們的墓室石砌，以浮雕為裝飾，與他處漢代文物比較起來顯得粗重，輕巧不足，敦厚有餘。可是用最重的石頭來表現曲線卻另有一番風味。

線條充滿空靈想像力

　　武氏祠用的浮雕手法是很古拙的，先勾出形象輪廓，把背景鑿掉，所以拓片粗看上去，是一些黑色的人、物形狀，非常厚重。但在輪廓內尚有一些細線，勾畫出一些細節。由於線條很細，墨搨不容易拓出來，所以很不為人注意。一般人都以為梁氏祠拓片只是些黑影子，像歐洲十八、九世紀之間流行的剪影一樣，可是不管怎麼說，這種浮雕加刻畫的技術，藝術性高，說明性不足，要了解當年石工們要表現的內

後室第九石畫像。

左室第三石畫像。

容並不甚簡單，比如人的影像，叩頭、作揖、打架等當然可以看出，但缺少面部表情，沒有衣服上的差別，較細緻的情節就很難想像，所以圖中的故事要靠兩種方法去辨別。

也許當時的工人就知道讀圖不易，所以在人物或故事的構圖中留下一些小方塊，專供刻人物名稱或故事簡要之用。這幫忙很大，後人能辨別出其故事，十之八九是靠這些文字，當然這些小字對書法家也是難得的參考資料，武梁祠的 3 塊石刻，故事很清楚，就是因為大多標出文字之故。但是其他幾個墓室的畫像，也許因為匆忙，來不及刻，有些小方塊是空白的，只能靠猜測去判斷。

猜測是重要的方法，因為東漢時的石刻有一定習慣使用的主題，武氏祠中的石刻內容不出幾個範圍：

第一是死後世界的想像，死後世界就是神仙世界，就是當時的信仰。石刻中有東漢流行的伏羲女媧的故事，東王公、西王母，以及各種騰雲駕霧的仙人、神靈。這一部分在造型上最為活潑，故事簡單，可以自漢代神話中找答案。

第二是生前世界的憶念，這是把當時貴族生活中最為流行、最愛好的活動刻畫出來。石刻中有很多車、騎、人眾的活動，其故事內容很難猜測，無非是迎來送往，造型上大同小異，但車馬顯然是漢代最顯著的地位象徵，除了山東外，河南與四川的畫像也都有很多車輛出行的描寫。生前世界除了車騎行列外，尚有戰爭、狩戰、宴飲等貴族專有的生活方式之描繪。同樣的道理，這是各地畫像中都出現的主題。

左室第四石畫像，第一層是《管仲射齊桓公》，第二層是《荊軻刺秦王》，第三層是伏羲與女媧。

　　第三是聖王賢士與忠臣烈女的故事，這是最有故事性，也最難猜測的一部分。好在當時流行的故事就是民間婦孺皆知的故事，與本省廟宇上的雕刻與繪畫在性質上很類似，很多重複，亦較便於推測。

　　在幾十塊石刻中，最有名的是武梁祠的西壁，上下共分3段。最上一段是西王母及駕前飛仙。第二段分兩層，上層是伏羲、女媧的蛇身畫像，象徵開天闢地，然後是祝融、神農、黃帝等帝王；下一層是《二十四孝》中的幾個故事，如老萊子娛親。第三段也分兩層，上層是「義」的故事，例如《荊軻刺秦王》，下層是車騎，應該是武梁生前的故事。上

左室第五石畫像局部。

左室第八石畫像局部上層。

左室第八石畫像局部下層。

左室第九石畫像第一層，刻畫「樓閣燕居」。

下的層次表現出當時的價值觀。愈被視為重要的，愈在上層，依次為神仙、帝王、孝、義、死者故事。

可是自藝術的表現手法上看，後石室的荒誕不經的神話故事卻是最有趣。可惜的是，後石室也是破壞最嚴重、保存情況最壞的，而且遺失了不少。我發現若干年前我買的那兩小張武氏祠石刻的複印畫，就是自後石室《仙人出行圖》與《海神出戰圖》中摘出來重畫過的，原來的石刻已經漫漶得很不清楚了。

漢人對於神話故事的表達，想像力非常豐富。所以在造型與構圖上呈現中國人特有的空靈感，有很多曲線纏繞、飄

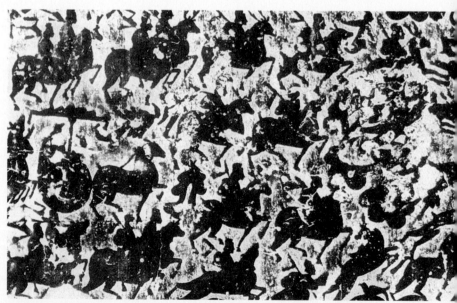

其他第七石・狩獵。

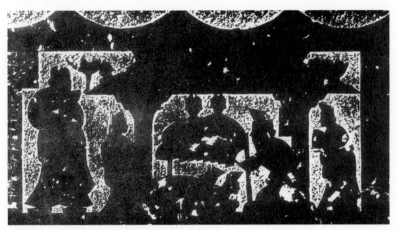

其他第十二石畫像第一層，刻畫「孔子與何饋」。

盪著，人物與車馬都飛騰起來了。中國人的各種藝術中都喜歡用雲紋，雲是用一團螺線帶著一個尖形的尾巴表示的，很多雲紋連結起來，就可表現一種西洋藝術上很難見到的動感，武氏祠後石室的成塊石刻，把中國曲線的神奇感都表達出來了。漢人重視享樂，但內心深處希望羽化登仙，其心目中的神人若不是長著翅膀，就是有一副彎曲如雲紋的身軀，可以飛行。有身分的神坐在馬車上，車身由雲代輪，以龍代馬，在空中飛奔，後石室中神人出行的畫面可說最富於動感與統一感。

　　武氏祠的石刻畫經工匠的手，將當年中國人的心靈全掀開來了。中國人的外表是道貌岸然的，儒家的聖賢與忠孝節義，匠人下斧很小心，一絲不苟，而構圖嚴謹，橫直有度，老實說，呆板稚拙，沒有靈氣，成排的孔門弟子很單調。

其他第十二石畫像第二層右，刻畫「柳下惠」的故事。　其他第十二石畫像第二層左，刻畫「程嬰與公孫杵臼」的故事。

　　但是刻到生活與戰爭的故事，匠人們就活起來了。各種姿態的人物，甚至鳥獸都出籠了。表達的空間度多，構圖雖然不脫稚氣，卻活潑有致。漢人是很重視享樂的，《庖廚圖》上忙著宰豬殺雞，宴席上的主客飲酒作樂，舞人伎者則不斷表演以娛嘉賓。丟開儒家的面具，中國人的人性本色都顯現出來了。

　　可是他們真正醉心的還是長生不老的神仙世界，人人的內心深處都希望能羽化登仙。所以當刻畫神人的時候，匠人的創造力完全表達出來。今天的考古發掘大為發達，各地漢代文物出土最多，武氏祠石刻的地位已沒有過去那麼重要。但是比較起來，武氏祠的石刻數量大，內容涵蓋廣，新近的發掘，要超過它卻很不容易。它們就是漢代遺物中，最具重要性，藝術價值最高的一部分。

──《聯合報》副刊，1992/11/10

編註

1　1937 年商務印書館刊行日本學者伊東忠太所著《中國建築史》一書，該書第二章第四節漢朝建築，引用藏於東京帝國大學工學院建築學的畫像殘石說明漢朝建築之屋脊。

2　北宋歐陽修於《集古錄》曾提及。

3　清乾隆年間學者黃易曾開挖清理被掩埋的武氏祠，此祠位在山東省嘉祥縣城南十五公里紙坊鎮武翟山村北丘圍，建祠年代是漢桓帝建和元年（147 年）。美國學者費正清的夫人費慰梅（Wilma Canon Fairbank,1909-2002）曾於 1934 年親訪武氏祠，1936 年撰著相關論文《武梁祠建築原型考》（The Offering Shrines of "Wu Liang Tz' ǔ"），該論文的中文翻譯刊於 1945 年《中國營造學社彙刊》第七卷二期；費慰梅並於 1972 年出版論文集《復原歷史的探險——漢代壁畫與商青銅模具》(Adventure in Retrieval: Han Murals and Shang Bronze Molds)。

4　黃易（1744-1802），浙江杭州人，清代書法家暨篆刻家，曾任山東運河同知。

5　翁方綱（1733-1818），清代書法家，與劉墉、梁同書、王文治並稱四大書法家。曾任山東學政提督，晚年加封二品銜。

04

流盃渠的故事

　　若干年前我到韓國開會，乘機去古新羅之首都慶州走了
一趟。慶州之古老建築及石雕藝術，有很多是唐代直接影響
的產物，所以給我的感受十分濃郁難忘。回國後曾寫〈慶州
行〉一文，後收在《化外的靈手》[1]集子裡。在慶州的古蹟中，
有「鮑石亭」，為新羅王離宮的苑囿的一部分。這一帶園亭
自然早已蕩然，所剩下的就是一棵樹下的一堆石刻，連看起
來，形成一個彎曲有致，雕鑿精美的石槽，就是我國古人宮
廷雅集中的流盃渠。我在當時，隱約間對此物似有所聞，卻
不清楚其來龍去脈，乃在該文中記其流盃的功能加以描寫。

　　據說皇帝飲宴臣子，在亭下圍石渠而坐，令使者斟酒放
置渠槽中，任其緩緩漂流，由臣子們隨意取盃而飲。後經友

韓國慶州佛國寺是世界文化遺產。

彎曲有致雕鑿精美的石槽是中國古人宮廷雅集中的流盃渠。

人指出可能與古人文中「流觴曲水」有關，才恍然大悟，對其來源有了進一步的概念。但對這段發展的經過有了相當了解之後，不禁覺得我們後期的歷史沒有傳承這樣包含了工藝與優雅情趣的建築，實在太可惜了，是否後代的石雕衰微才被世人放棄的呢？

曲水禊宴漢朝成風尚

　　這段故事的開始，已經隱藏在時間的濃霧中了。在《晉書》中記載晉武帝對於「三日曲水」已不了解，曾就教於他的大臣。當時知道此典故的人不多，有位學者名叫束晳[2]，知多見廣，提出了答案。但他同時提出了兩種說法，足證已是道聽塗說，未足完全採信。他的第一個說法，是周公在洛

邑建城，然後在流水上讓酒盃漂流，這意思大約是為了建築
落成，舉行典禮以祭河流，其用意不明，大概是求神保佑的
意思，或者因為古代河水常常氾濫成災，祭河神以保平安。

　　他的第二個說法更玄了。秦昭王在河曲處擺酒三天，看
到一個金人捧著「水心之劍」，對他預言，只要佔據西夏，
就會稱霸於諸侯。秦昭王大約很高興，就「立為曲水」。照
我們推想，昭王必然因苦於不知野心能否實現，乃置酒河中，
求神指示迷津。

　　束皙的說法雖討了皇帝的歡心，但都很遙遠，甚難採信。
漢朝的《韓詩》上說，鄭國的風俗，在三月上巳之日溱洧二
水之上，招魂續魄，執蘭草祓除不祥。這說法自民俗上看，
是很可取信的，只是沒提到把酒盃放在河水裡。想來這些傳

鮑石亭樹下的流盃渠的遺跡。

說，經過後人的編織流傳，就混成一體，置酒水中，祭奠亡魂，再合理也沒有了。

到了漢朝，這種風俗已經十分流行，並且帶著娛樂性的趣味，是毫無疑問的。因為《後漢書》的《禮儀志》上說：「三月三日，於東流水上，為祈禳自潔濯，謂之禊祠，引流行觴，遂成曲水」。又說，三月上巳，官民一起在東流水上禊飲。這裡首先確定了日期。《韓詩》上所說三月上巳，這「上巳」表示上半個月，按十二地支輪轉到巳的一天，是不定的。後來竟定在三月三日，成為固定的節日了。為什麼要「上巳」？沒有解釋，我粗淺地推想，巳為蛇，也許祓除不祥之外，因三月蛇出，行酒以驅蛇，定為三日，顯然祭典的意味就降低了。《晉書》有一說認為這日子是魏以後才改的。

在北方，三月是春光明媚的好季節。這時候，大家成群結隊，到河邊去禊祭，為了象徵性地洗除長冬的積垢，為了祭鬼神，免不了自己也要喝點，所以開始禊飲了。這有點像後代的清明節，大家出外掃墓，同時也為踏青，在嚴冬蟄伏數月之後，出來散散心，熱鬧一番。所以束皙向晉武帝報告的時候說，兩漢相沿為盛集。到了江南的東晉與宋，「祭」的觀念愈少，「飲」的味道愈多了。自兩漢以後，禊祭既然成為官民上下共同感興趣的郊外活動，很自然就流於俗氣了。既然要出外喝酒，欣賞春天清麗嫩綠的景色，則以中國人的習慣，帶點酒肴、點心之類下酒，也是理所當然。故自漢代開始，修禊成為開春飲宴的一種機會，到了南朝，禊宴也成為一種風尚。

明代文徵明《蘭亭修禊圖》，140.3×73.2cm，台北故宮博物院藏。
（© 國立故宮博物院）

清代郎世寧《雍正十二月行樂圖軸：四月流觴》，188.2×102.2cm，北京故宮博物院藏。
（© 北京故宮博物院）

　　流行起來，同樣的活動，帝王之家與平民不能相提並論。
不用說，上層階級的禊宴逐漸成為一種表示風雅趣味的儀式。
因此，流盃以寄情的環境，不可能與廣大民眾混雜在一起，
不可能滿意於熱鬧的場面。故在漢朝官民同禊的情形，到六
朝就不多了。宋時的《荊楚歲時記》[3]中，提到也可能指四
方之民，但官人大概另有雅集，「四民並出水渚，為流觴曲
水之飲。」四民大概是今天所說的士農工商，不來湊熱鬧了。
這就是王羲之寫《蘭亭集序》那個時代，在這篇大家熟知的
文章中，大概可以看出，士大夫們雅集的盛況，以及他們暢
敘幽情的心境。在天朗氣清的日子，到優美的自然環境中，
共賞茂林修竹，清流激湍。這時候朋友們沿著彎曲的水邊落

山本若麟《蘭亭曲水圖》，1790 年，神戶市立博物館藏。

坐，流觴其中，飲酒賦詩，有快樂自足之感。王老先生到此仍免不了有時不我與之嘆而感慨係之。

宮苑引水以利君臣宴

這樣的集會大概在晉、宋時很流行，但遇上蘭亭之集的情形恐怕很難得，參與的人都要有閒雅之致，天時、地利的條件更是必要的，其中特別重要的條件是這一溪清流，這完全是技術問題。在漢代以前的純祭典時期，酒盃放在河上，順流而去，是沒有多大問題的。開始禊飲時，可以想像得到，把酒盃放在水中漂流，供人在下游摭拾暢飲，這河水不但要流得緩慢平穩，而且河面不能太寬，否則若不是容易傾覆，就是會漂到河心，無法收回。這樣的水流是不容易找到的，所以我猜想早期的禊飲，可能具有高度的娛樂性，民眾很可能步入水中，與酒盃打成一片。由於官民雜會，人數眾多，恐怕不可能把自己的酒盃撿回來，也喝不到自己喜歡的酒。

若是皇帝藉機會禊宴，或讀書人雅集，找風景秀麗而且水流適當之處並不容易。所以大約很早就有人工溪流來達到這個目的了，自經驗中他們很容易了解，這樣的水流最好多彎曲，曲水不但可避免水流太急，而且可以使酒盃多繞幾圈，便於各人取酒，《後漢書》上說：「引流行觴，遂成曲水」，大概就是這個意思。這種人工曲水在宮苑中是很普遍的。《晉書‧禮志中》說：「天泉池南石溝，引御溝水，池西積石為禊堂」。這是說在環境適當的地方，就設有可以禊飲的地方。這裡提到「堂」字，說明帝王尚無法接受民間士人集會中的純雅興，他們需要「絲竹管弦之盛」，在野外是不太方便的。

所以他們築了堂，以便享受宮中飲宴的豪華情趣，同時也可附庸風雅。

　　這「堂」的建築情形，古人向來不會詳細記載，所以永為一個謎了。但在《昭明文選》中，可以找到一點文字的描寫，供我們猜測。文選中有些三月三日曲水宴的詩或序，為當時的大臣於侍宴時，受皇帝之命，為文賦詩，記念曲水流觴宴的盛況。其中最具有參考價值的，是兩篇〈三月三日曲水詩序〉[4]，一為南朝宋的顏延年[5]所寫，另一為南朝齊的王融[6]所寫。都是陪皇帝禊祭飲宴，皇帝高興起來，令大臣們吟詩誌慶，然後囑他們寫序。這類文字不用說都是歌功頌德，辭藻華麗而沒有什麼內容。但自虛浮的描寫中，仍可看出當時皇家在舉行禊祭時的氣派，與民間到底不同。從顏延年的

桂林桂海碑林博物館內的宋代「曲水流觴」石刻。
（取材自 Wikimedia Commons, ©Zhangzhugang）

文章來看，好像這典禮是很隆重的，皇家為了此行，還要特別清除林道，整修關梁，因為典禮是在御苑內舉行，故不常去的離宮別館都要整頓起來，並嚴加戒備。

至於曲水的位置可能在堂前，也可能在堂內，顏延年的文中說：「閱水環階，引池分席」，文中說：「授几肆筵，因流波而成次」，都表示依流水列坐，但前者好像曲水在階前，後者好像在室內，因此每人都有几可憑，而不論在堂前、堂內，氣氛是很嚴肅而鋪張的。在王文中，似乎菜肴都用水流送。照說這一點不容易做到，可能是文人的誇張之辭。

像這樣的集會，有輕歌曼舞，原該是愉快的。但臣子們恐怕為了應對皇上的恩賜，免不了戰戰兢兢。大家在歌舞、器樂聲中，「羽觴無算」，恐怕也是奉命行事。「上陳景福之賜，下獻南山之壽」，就是這麼一回事。《南齊書》中，敘述齊高帝蕭道成曲宴群臣數人，曾要他們即席表演技藝，大臣們或彈琵琶，或彈琴，或唱歌，或跳舞，不會技藝的人只好念一段書，好像是君臣同樂的局面。但相當於首輔的王儉 [7] 要跪在面前誦司馬相如的《封禪書》[8]，可見在基本上，還是臣子歌功頌德，或表演以娛君的情形。

魏晉南北朝上行下效的流行曲水宴，所以人造曲水的紀錄不少。長江流域，尤其是江南與江陵為南朝之二大中心區，王公貴族以此為尚。王羲之的《蘭亭集序》[9] 推廣了此一春日雅集的活動，到處可見曲水池 [10]、曲水亭、流觴亭 [11] 的名稱，顯然這種活動的流行與南北朝時士人清談風氣有關。因為唐代以後，這種紀錄就很少了。自戶外大自然間的群眾活

動，演變為少數讀書人的林間雅集，再演變為皇家與貴族的
半室內活動，在本質上起了很大的變化。在皇家的苑林中，
這玩意兒變成很高貴的儀式性的集會，逐漸在每年的群眾節
日中消失了。一種群眾性的活動，經上流社會精煉成文雅的、
少數人的活動，標準提高，內容變質，使群眾因而失去興趣。
國外也有類似例子，如馬球或高爾夫球等。

唐宋流盃成貴族專利

自宋朝《東京夢華錄》[12] 中的記載，可知三月三日的禊
祭風俗已經沒有了，清明節成為春天京都仕女活躍的節日。
在大眾活動的意義上看，可能是後者取代了前者，張擇端的
《清明上河圖》並具體描繪了當時熱鬧的景象。在該書記載
春明池 [13] 的景物時，曾提到一座流盃渠，卻沒有敘述其使用
情形，可以推想在當時並不是群眾參與的活動，在宮廷中，
也算不上是重要的儀式了。

以我看來，這樣有趣的一種飲酒方式，居然於唐朝後不
再為士人所樂道，基本上因為上流社會把曲水人工化以後，
成為一種高貴的遊戲，不但一般民眾無法負擔，即使一般士
人也只能跟皇族湊熱鬧，沒有能力自設亭台。因為在六朝，
曲水已經自天然河水，經挖掘水溝，演變為流盃渠了，這就
是我在韓國慶州所看到的那種石雕。

什麼時候開始的呢？目前只能推測。大約在晉代，以石
溝引水為曲水的時候即開始。《晉書·禮志》中的記載很簡
單，並未提到鑿石為溝，可見當時尚是自然的石溝，石溝石

岸的好處很明顯：在石溝中，水不會滲漏，即使狹窄的水溝，亦不覺粗陋、雜亂。而石岸是很乾淨的，席地而坐，不會為雜草爛泥而煩惱。對於華服錦衣的宮庭集會，這是很重要的條件。所以在前文中，我認為禊堂中的曲水，可能在室內，也可能在堂前的亭內。這時候的曲水，事實上是後代流盃渠的雛形，就是鑿石以放流的了。石渠可以根據需要的大小而設計，何處流入，何處流出；盃子在何處置於水中，飲酒後，空盃子在何處收回；主人坐在哪裡，客人坐在哪裡，都可以按照需要而安排，根據一般的禮節而設計。

這樣，在意義上，曲水流觴完全成為一種玩具，沒有了早期宗教的氣氛，而在製作上，卻成為高度精密的藝術。何以言之？用人工砌一個石槽，不漏水，而且有緩慢的水流，可以使在座者輕易地拾盃飲酒不至於手忙腳亂而失禮，其本身就是很精密的手藝。以韓國鮑石亭為例，可知在我國一定有更精緻的雕刻紋樣裝飾這樣的流盃渠，使得此一作品兼有精美的藝術品氣質。

慶州的流盃渠大約是中國比較早期的樣子，也許因經過一再流傳改了些樣。可以看出雖出於人工，卻仍有意模仿自然河流的意味，是一條不規則的，似飄帶式的石渠，圍成橢圓形的口袋。若照《昭明文選》上描述的曲水宴的派頭，顯然這裡是不夠的。王融記載的曲水宴有 45 人之多，慶州的石渠恐坐不下 20 人。由於是一條自然曲線，很不容易看出賓主、上下的關係，在中國的皇家宴會上能否接受這樣的隨意安排，就很難推測了。石渠的入水口與出水口在一邊，高度相差甚微，以保持水流的平穩與緩慢，這就是酒童斟酒置於水渠的

地方，也是收回空盃的地方。據說引入的水為清冽的三月泉水，所以「設計」是很成熟的了。一般說來，此一作品在精美的雕工，以及自然有力的線條、精準的砌工上，有我國隋唐作品的精神。也許不夠皇家的規模，而是一種公侯之家，非正式宴樂之作法。

《營造法式》記鑿石工序

我國在唐代以後，文人就很少有曲水宴的記載，只偶爾見到三月三日郊遊的描寫。沈佺期 [14] 有「三月上巳祓堂開」的話，說明唐朝仍流傳此一風俗。我推測，文人不寫曲水，一因曲水宴升級為皇家的儀式，再因唐代文人很少為皇帝站班，聽候命令撰文的。

但以宋朝的文獻與遺物看來，流盃渠在唐朝時定然尚流行。中國的建築，到唐代是成熟期，生命力蓬勃，宋朝重整理與記錄，把一切納入常規，流盃渠自然也不例外。北宋李誡 [15] 所撰《營造法式》中，有流盃渠的圖樣，及製作時石工以及雕工的工、料標準，一方面可再看出「曲水流觴」的故事並未中斷，而且在官家苑園中十分流行，同時亦可看出，南北朝以來，曲水所代表的自然神韻已經消失。

《營造法式》上所載流盃渠，有兩種作法，一是石塊剜鑿雕出石溝，加以安砌的；另一種是砌成石溝的。很顯然，到了宋朝，想出了偷工減料的辦法，後一類自然要便宜得多了。兩類在溝邊都要「壓地隱起」花紋，比起早幾百年的慶州石渠要複雜些。花紋是唐、宋流行的寶相花 [16] 與牡丹花。

《營造法式》中的「國字流盃渠」。

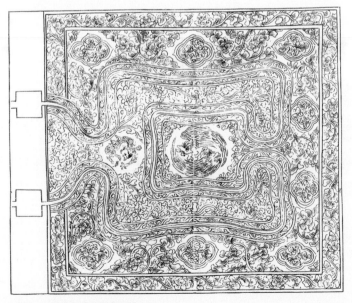

《營造法式》中的「風字流盃渠」。

河南登封宋代崇福宮的「曲水流觴」遺址。
（取材自《支那建築裝飾》卷二）

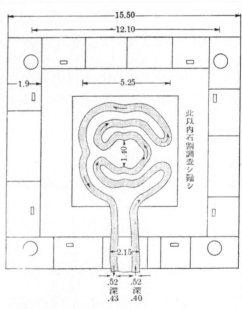

河南登封宋代崇福宮的「曲水流觴」平面圖。
（取材自《支那建築藝術》）

北京郊外香山靜宜園的「曲水流觴」遺址。
（取材自《支那建築裝飾》卷二）

北京故宮的「曲水流觴」。　　承德避暑山莊的「曲水流觴」。

若是正式的、皇家的石渠，則有龍鳳紋，工、料都要考究得多，在格局上比起前代要整齊多了。

　　李誡的流盃渠圖有兩種，一稱「國字流盃渠」，一稱「風字流盃渠」，但兩圖完全相同，只是前者中心的花紋為龍，後者為鳳而已；四周的裝飾亦有不同，並不顯著。我猜想目前我們看到的圖樣為後代一再翻刻，必然因不了解李誡原圖的用意而走樣了。按兩字的外表看，「國字」的原意應該是方形，「風字」應該是梯形，乃表示兩種不同的格局。前者兩列座位是平行的，後者則呈喇叭口形。今天《營造法式》上所載，都應屬於國字形。

　　水流（《營造法式》中仍稱為「河」）的圖案，是一筆

宋代劉松年《曲水流觴圖》，局部，台北故宮博物院藏。（© 國立故宮博物院）

畫的雙層口字，因為進出水口各一，又很像「曲」字，只有
看圖才能瞭然。道理與慶州的流盃渠相似，但水卻多繞了一
個內圈，愈顯得人工味濃厚。由於為方形而雕了龍鳳的中心，
很難判斷怎樣使用，只能推斷曲水槽的外緣可以安排座位。
但主人坐在哪裡？如坐在中心，似乎合理，但為客人圈住，
也很難安心落坐吧！在河南登封，原有宋代行宮處，至今尚
存流盃渠的遺址 17。只剩土溝，想來當年是有石砌溝槽的，
如今石材已完全遺失，其形制與《營造法式》所載是很接近
的。

歷朝名畫遙想當年趣

　　宋代以後，曲水流觴的遊戲是否尚在流行，我們很難推
測了。由於王羲之的〈蘭亭集序〉在文人間得到的尊崇日增，
那種融於自然環境的想望一直存在於文人與畫家中。因此有
少數畫家會把他們的想像畫出來，留傳到現在。故宮博物院
存有的古畫中，我見到有 3 幅是與此主題有關的，略述於下。

　　第一幅是宋代劉松年 18 的《曲水流觴圖》，顯然是畫蘭
亭集會的情形。這幅畫不很長，畫著王羲之與幾個好友在亭
子內欣賞詩文，其餘的客人都落坐在曲水之兩邊，或獨飲，
或聊天。這些士人衣冠整齊，席地而坐，酒盃在河上漂流，
好像可以彎腰取得的樣子，可以想像水流是很狹窄的，畫中
沒有取盃的動作。但在上游是酒侍們準備酒具，酒童置酒盃
於水中；在下游則有酒童們把空盃撿回來。畫上布置的環境，
是以修行為主，予人清爽的感覺。

明代錢穀《蘭亭修禊圖》卷，紐約大都會博物館藏。（©MET）

　　其他兩幅都是明人的作品，畫家分別是趙原初與李宗謨[19]，都不是了不起的人物。他們的畫題都直截了當點出了「蘭亭」，而畫幅都很長，描寫河岸的人物動作。當然都免不了一座亭子，王羲之老先生坐在裡面。

　　趙原初的《蘭亭圖》，意味與劉松年的畫近似，只是亭子顯得氣派大些。這條河很寬，兩岸坐著的一些高雅人物分得很散，不像能互相交談。老實說，他們要怎麼自河中取酒，實在是一個問題，整個說來，沒有集體出遊的意味，在整個環境的描寫上，似乎缺乏茂林修竹的景物，河邊有垂柳，用筆很輕快清淡，只說明一個概念而已。

　　至於李宗謨的《蘭亭修禊圖》在整個布局上，幾乎與趙原初的《蘭亭圖》完全相同，甚至可看作一個抄本。李為什麼要抄趙的圖，我們沒法了解，但可知道，抄本不如原本那麼清秀、輕快。李圖上的亭子，構圖如趙本，人物的安排亦如趙本，但描寫的手法很呆板，建築亦缺乏細節；在收尾的地方，兩張同樣有一座小橋，酒童的安排亦同，只是李宗謨大約覺得那麼寬的河水，流盃怎麼收回？怎麼放入？故酒童都手執長桿。客人怎麼喝到酒就大成問題了，李宗謨的畫中也是以柳樹為主，似乎沒有認真讀《蘭亭集序》的樣子。在這3張畫中，流盃都放在一個樹葉形的盤子上，盤子想來應該是木質的吧！這樣作法因無記載，不知是否宋代的實況。

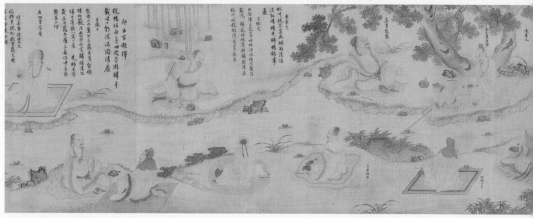

明代李宗謨《蘭亭修禊圖》卷，局部，30.3×507.5cm，台北故宮博物院藏。（© 國立故宮博物院）

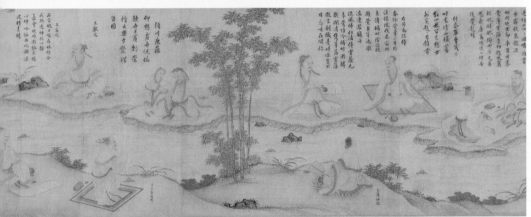

今天我們知道在漢代到六朝之間，流盃不是後代畫中的形狀，也不是方形。近年來，大陸的考古工作者自發掘中得到不少文物，知道當時的酒器是木質的漆器，其形橢圓，如舟，兩翼有耳，今俗稱耳杯，這大概就是古人所說的「羽觴」吧！由於這些考古發掘，「流觴曲水」的觴的問題就解決了。但唐代以後耳杯就不用了，流盃的盃是何種形狀因而失傳，後人無考古知識，對「羽觴」一無所知，難怪畫家們只好別出心裁，去設計自己想像中的流盃了。

這就是我所知道的「曲水流觴」故事的尾聲了，一種很有浪漫意味的士人雅集的方式，卻因實際條件的限制，不易流傳，到後來竟成為一種純粹的想像。這個故事說明了中國念書人自早期發現自然，並認真地從自然中發掘生活的樂趣，

韓國慶州鮑石亭的流盃渠遺跡。（取材自 Wikimedia Commons，©Steve46814）

北京香山飯店的現代流盃渠。

後來終於變質，自然者，成為上流社會的玩物。再後即淪為士大夫想像中的世界，這一發展過程，與我國園林的歷史如出一轍，在六朝正式成熟的園林思想，本充滿了自然的天趣，誰知幾百年後，竟會淪落為明清那種病態的假自然呢？

　　宋朝以後「曲水流觴」的消失，或可以進一步說明我國貴族的生活方式之衰微，都市工商勢力的伸張，以及國民生活俗化的趨勢。從此以後，喝酒就是喝酒，就是取樂，不再有一種儀典的意義了。自什麼時候開始，我們的宴會使用圓桌，連幾千年分食的習慣都改了。酒不再是悲壯情操的觸媒，而是釋放粗俚語言、動作的藥劑。今天的中國人只得到日本、韓國去尋找一點遙遠的中國古文化的意味。

今天我粗略地追索這段故事，雖不過是中國人的閒情逸致，無關國家民族大業，卻給我帶來不少喜悅，以及無盡的嘆息，在很小的一件流盃渠上，我好像看到古人重新活躍在我眼前，為了飲酒取樂，他們不憚其煩創造了一種獨特的藝術品，二十世紀 80 年代的我們，敢為自己的生活創造另一類高貴的證物，留待百世之後人去發掘嗎？

我雖不是學歷史的，卻對中國古老文化感到興趣，最近看到莊嚴 20 先生的書法展中，有一段流觴的記錄，頗能發人思古之幽情，加上「人間副刊」開闢「歷史的畫舫」專欄，邀我寫稿，遂引發了我撰寫此文的動機；其中有若干細節，恐怕有待先進長者們給我指教，尤其莊先生，他可能對近世流盃的歷史有比較完整的了解。他所主持的雅集似是在民國 62 年 3 月 3 日舉行，地點在外雙溪私宅園中 21。因有參與的名家簽字，又有書、畫以誌興，說明主人知道那是一次歷史性的集會，值得詳加記錄以待後人研究、品味。

由於那次盛會，仍以「蘭亭」為範本，所以莊先生的流觴會與宋、明的畫家們之想像很類似，是自近乎自然形成的人工水流中流盃的，盃子是木製的。木盃比較容易浮起，但我孤陋寡聞，不知這是否為古代的傳統。我國當前在年輕人之間，正有一股熱愛歷史傳統的激流，政府也在提倡文化的復興，像曲水流觴這樣文雅的集會方式，莊老先生的首倡，也許是值得大家予以「復興」的。

——《中國時報》人間副刊，1980/1/4

編註

1　〈慶州行〉一文初刊《境與象》雜誌 1973 年 8 月號，後收錄於《化外的靈手》，台北遠景出版社，1977 年 9 月。編者於 2006 年 7 月編《漢寶德亞洲建築散步》將該文輯入，該書於 2011 年 9 月由北京中國人民大學出版社印行簡體版。2020 年 9 月「武漢長江文藝出版社」印行簡體版。

2　原文誤植為束晳，編者校訂為束皙。束皙（約 261-300 年），字廣微，陽平元城（今河北大名縣東）人。西晉文學家。

3　《荊楚歲時記》是介紹中國南方長江中游荊楚地方年中每月行事的記錄。作者是南梁的宗懍，隋代的杜公瞻作注。內容是由正月初一至歲晚的百姓日常生活，其中辟邪、辟病的風俗佔了一半篇幅。

4　顏延之的《三月三日曲水詩序》：

　　　　夫方策既載，皇王之跡已殊；鐘石畢陳，舞詠之情不一。雖淵流遂往，詳略異聞，然其宅天衷，立民極，莫不崇尚其道，神明其位，拓世貽統，固萬葉而為量者也。有宋函夏，帝圖弘遠。高祖以聖武定鼎，規同造物；皇上以叡文承歷，景屬宸居。隆周之卜既永，宗漢之兆在焉。正體毓德於少陽，王宰宣哲於元輔。晷緯昭應，山瀆效靈。五方雜遝，四隩來暨。選賢建戚，則宅之於茂典；施命發號，必酌之於故實。大予協樂，上庠肆教。章程明密，品式周備。國容視令而動，軍政象物而具。箴闕記言，校文講藝之官，采遺於內；軺車朱軒，懷荒振遠之使，論德於外。頹甍素巘，並柯共穗之瑞，史不絕書；棧山航海，踰沙軼漠之貢，府無虛月。烈燧千城，通驛萬里。穹居之君，內首稟朔；卉服之酋，回面受吏。是以異人慕響，俊民間出；警蹕清夷，表裡悅穆。將徙縣中宇，張樂岱郊。增類帝之

宮，餝禮神之館，塗歌邑誦，以望屬車之塵者久矣。

日躔胃維，月軌青陸。皇祇發生之始，後王布和之辰，思對上靈之心，以惠庶萌之願。加以二王於邁，出餞戒告，有詔掌故，爰命司歷，獻洛飲之禮，具上巳之儀。南除輦道，北清禁林，左關巖陸，右梁潮源。略亭臯，跨芝廛，苑太液，懷曾山。松石峻垝，蔥翠陰煙，游泳之所攢萃，翔驟之所往還。於是離宮設衛，別殿周徼旌門洞立，延帷接枑，閣水環階，引池分席。春官聯事，蒼靈奉塗。然後昇秘駕，胤緹騎，搖玉鸞，發流吹，天動神移，淵旋雲被，以降於行所，禮也。

既而帝暉臨幄，百司定列，鳳蓋俄軫，虹旗委旆。餚蔌芬籍，觴醳泛浮。妍歌妙舞之容，銜組樹羽之器。三奏四上之調，六莖九成之曲。競氣繁聲，合變爭節。龍文飾轡，青翰侍御。華裔殷至，觀聽駭集。揚袂風山，舉袖陰澤。靚裝藻野，袨服縟川。故以殷賑外區，煥衍都內者矣。上膺萬壽，下禔百福布筵槀和，閶堂依德。情盤景遽，歡洽日斜。金駕總駟，聖儀載佇。悵鈞台之未臨，慨酆宮之不縣。方且排鳳闕以高遊，開爵園而廣宴。並命在位，展詩發志。則夫誦美有章，陳信無愧者歟？

5　顏延之（384-456 年），字延年，琅琊臨沂（今山東臨沂）人，南朝宋文學家。和謝靈運齊名，並稱「顏謝」。

6　王融（468-494 年）南朝齊文學家。字元長，琅邪臨沂（今山東臨沂）人。年少時即舉秀才，入竟陵王蕭子良為幕僚。齊武帝永明十一年（西元 493 年），兼任主客，接待北魏使者，應對便捷。齊武帝病重，蕭子良和蕭昭業爭奪帝位失敗，王融因依附蕭子良遭下獄，被孔稚圭奏劾，賜死。王融工詩能文，他最為當時人稱道的文章是《三月三日曲水詩序》，北魏的使者認為超過顏延之，可以和司馬相如的《封禪書》相比。王融所存詩文，明代張溥輯為《王寧

朔集》，收在《漢魏六朝百三家集》中。

7　按「維基百科」：王儉（452-489年）字仲寶，琅琊郡臨沂縣（今山東省臨沂市）人。出生時父親王僧綽遇害，母親劉英娥因為詛咒宋孝武帝一事暴病而亡，為叔父王僧虔養育。後襲爵豫寧侯，自幼好學，十八歲為南朝宋秘書郎，娶宋明帝女陽羨公主，拜駙馬都尉，宋後廢帝暴虐，王儉自請出補義興郡太守。後任太子舍人、秘書丞，官至侍中。蕭道成知道王儉非同尋常，視為心腹加以重用。永明七年（489年）王儉病危，卒年38歲。贈太尉，諡文憲。王儉雖居宰輔高位，貴為郡公，無聲色物質之嗜欲，不尚清談，以國事為重，辦事勤力，家無遺財。尤其留意儒家經典，發言吐論、舉止衣冠必依儒教，因而「儒教於此大興」，且積極獎掖後學。撰有《古今喪服記》、《七志》四十卷等。其詩多為四言體，風格典雅莊重。明人張溥輯有《王文憲集》，收入《漢魏六朝百三家集》中。

位在浙江省紹興市的清康熙御筆蘭亭碑。

8　按「百度百科」：《封禪書》是西漢文學家司馬相如的遺作散文。該文敘述了古代傳說中72位國君封禪泰山；漢王朝文治武功，顯赫一時，四境歸順，祥瑞屢現，雄才大略可與歷代君王媲美。作者借此文勸漢武帝進行封禪，並在文章末尾對天子加以諷諫。這篇文章在司馬相如死後被交給漢武帝，並對漢武帝日後的多次封禪活動產生重要影響。

9　按「維基百科」：《蘭亭集序》又稱《禊序》、《蘭亭序》、《禊帖》、《臨河序》、《蘭亭宴集序》。書法家王羲之所作，有「天下第一行書」之稱，是晉代書法成就的代表。《蘭亭集序》為王羲之為《蘭亭詩》寫的序言，他以特選的鼠鬚筆和蠶繭紙書寫，首先寫聚會盛況，描述環境「茂

林修竹、清流激湍」，「天朗氣清，惠風和暢」。之後筆
鋒突變，格調轉為悲傷，寫歡樂時光不長久及人生短暫，
然而他並不宣揚「及時行樂」，而是斥了莊子的「一死生、
齊彭殤」的論調。通篇語言流暢，不勉強藻飾、通俗自然，
結合駢句、駢散，靈活自如，堪稱歷代名篇。

10　在湖北省武漢市武昌區東有一曲水池。梁太清四年邵陵王
　　綸為富水郡太守，雅好賓客，樂於詩酒，每慕王右軍（即
　　王羲之）蘭亭流觴曲水之興，故以效之。

11　在浙江省紹興市紹興縣蘭亭景區有一流觴亭。「流觴亭」
　　匾額是乾隆皇帝所書，流觴亭面闊三間，四面有圍廊。景
　　區有「景幽、事雅、文妙、書絕」四大特色，名列中國四
　　大名亭之一。包括一序、三碑、十一景：一序即《蘭亭序》；
　　三碑即鵝池碑、蘭亭碑、御碑；十一景即鵝池、小蘭亭、
　　曲水流觴、流觴亭、御碑亭、臨池十八缸、王右軍祠、書
　　法博物館、古驛亭、之鎮、樂池。

12　《東京夢華錄》作者孟元老於史無載，清代學者常茂徠以
　　為孟元老可能是孟揆。孟元老於北宋徽宗崇寧年間至首都
　　汴京（河南開封），居住了23年，於南宋高宗紹興年間將
　　所見所聞著作成書。《東京夢華錄》記載北宋徽宗年間汴
　　梁城的景觀，包括當時的城郭河流、大內諸司、街巷店肆、
　　民風俗尚、市井遊觀、歲時物貨等，是珍貴的史料，堪稱
　　文字版「清明上河圖」。全書十卷，其中以卷七提及：清
　　明節、三月一日開金明池瓊林苑、駕幸臨水殿觀爭標錫宴、
　　駕幸瓊林苑、駕幸寶津樓宴殿、駕登寶津樓諸軍呈百戲、
　　駕幸射殿射弓、池苑內縱人關撲遊戲、駕回儀衛。

13　在《東京夢華錄》全書中卷六、七述及金明池三次，遍查
　　無春明池。

14 沈佺期（656-714 年，又說是 713、716 年），唐高宗上元二年（675 年）進士。擅長五言律詩，與宋之問同為當時著名的宮廷詩人，文學史上並稱「沈宋」。他們所作多為歌舞昇平的應制詩，風格綺靡，不脫梁、陳宮體詩風。沈、宋倆人總結六朝以來新體詩創作的經驗，對律詩的成熟與定型，貢獻頗大，是唐代五言律詩的奠基人。

15 李誠（?-1110 年 2 月 23 日），一說李誡，字明仲，鄭州管城縣（今河南省鄭州市新鄭市）人，北宋著名建築師。1097 年李誠奉旨重修《營造法式》；1100 年完成，成為當時官方建築的規範。除了建築著作，還著作關於地理學、歷史、文字學與美術史的書籍，都失傳，只有《營造法式》傳世。

16 寶相花又稱寶仙花、寶蓮花，是佛教認為聖潔、端莊、美觀的理想花型。「寶相」一詞最早見於《頭陀寺碑文》中的「金資寶相，永藉閒安」，用來形容佛祖如來神像的尊貴莊嚴。是古人創造的，獨具民族特色的，象徵吉祥、美滿的圖案紋樣，與「搖錢樹」、「聚寶盆」被古人並稱為吉祥三寶。自南北朝蓮花紋飾被大量運用在石窟裝飾藝術。北朝時期的蓮花圖案以寫實造型為主，多選取正面俯視的角度，中心為圓盤狀的蓮蓬，蓮瓣向四周均勻地呈多層放射狀排列。此圖案發展演化到隋唐，造型更加飽滿並融合牡丹花的特徵，花瓣多層次排列，圖案也更顯雍容華貴。其紋樣豐富多樣，被廣泛運用在陶瓷、金銀器、石刻、織物、玉器、銅器、刺繡、敦煌圖案、佛教法器、建築裝飾等方面。

17 在河南省登封市區北部，嵩山太室山南麓萬歲峰下的崇福宮，原是北宋皇室夏季避暑的離宮。存有中國北宋的泛觴亭、流盃渠遺址等。

18　劉松年（？－約 1225 年後），時人呼之為暗門劉，南宋錢
　　塘（今浙江省杭州市）人，居暗門（今杭州市清波門）。
　　宋光宗紹熙（1190-1194 年）年間畫院待詔。工畫物、山水，
　　筆墨精嚴、著色妍麗，多寫茂林修竹、山明水秀，所作屋
　　宇界畫工整；兼畫人物神情生動、衣褶清勁。後人把他與
　　李唐、馬遠、夏圭合稱為「南宋四家」。傳世作品有《羅
　　漢》、《溪亭客話》、《四景山水》、《醉僧》、《天女
　　獻花》等。

19　原文是李宗言，應是李宗謨之誤植。按「台北故宮博物院
　　：書畫典藏資料檢索系統」：李宗謨（約活動於十六、
　　十七世紀之間），福建永安人。號小樵，又號古柈子。工
　　人物，間寫山水，白描亦精緻秀雅。此卷畫蘭亭雅集，卷
　　首畫王羲之在蘭亭內據案停筆觀鵝，後接諸人列於曲水兩
　　岸，並附錄出名銜與其詩文。這種圖繪模式曾見於明初蘭
　　亭石刻拓本，流布影響甚廣，本卷也屬一例。本幅蘭亭修
　　禊圖卷畫山石，其線條流利，深受唐寅影響，設色則是近
　　於仇英。李宗謨活動於明代晚期，故多受明中期著名畫家
　　影響。

20　莊嚴（1899-1980），祖籍江蘇，生於吉林省長春市。字尚
　　嚴，號慕陵，晚號六一翁，古文物專家、藝術史學者以及
　　書法家，以瘦金體書法聞名，曾任國立故宮博物院副院長。
　　2019 年 3 月 31 日至 5 月 26 日，於國父紀念館舉行「一生
　　翰墨故宮情——莊嚴 120 周年紀念展」，展覽包括「故宮
　　半世紀」、「書道幽光」、「翰墨知交情」、「湛藝莊門」。

21　莊嚴辦過三次曲水流觴活動，分別是 1963、1964 與 1973
　　年。1973 年是王羲之等的「曲水流觴」同一干支年。

美國加州洛杉磯華埠的「曲水流觴」壁畫。

05

酒器與文化

日前拜讀黃永武兄[1]〈唐詩與酒壺〉大文，引起我很大興趣。黃兄不但以生動的文筆、廣博的知識，介紹了唐代長沙銅官窯[2]酒壺上的民間佚詩，同時也把古代民間酒與詩文間的關係，說明得非常透澈，令人獲益不淺。

唐代長沙窯酒壺。
（漢寶德提供）

最近幾年來，我偶爾抽閒對中國古代陶瓷的資料加以涉獵。初不過是為了消遣，後來慢慢注意到陶瓷及當代生活與文化的關係，興趣愈發濃厚起來。由於所能投入的時間有限，又沒有足夠資料，實在很難深入。但是有一點膚淺的了解，已經使我體會到古代陶瓷也許是具體領會古代文化氣質最有力的工具。其中忠實地說明了古人藝術的品味、審美的判斷，生活的感興。近年來發掘出的民間器物，比起後代高度裝飾性的官窯器來，更具有文化的興味，更能引發思古的情趣。

唐代長沙窯青釉褐彩《春水春池滿》詩文壺，湖南省博物館藏。（© 湖南省博物館）

瓷器書寫始於唐

幾年前開始接觸這方面的資料時，就知道唐代的民間流行一種造

型粗壯、大口短嘴的酒壺。唐中葉以後，長沙附近燒製出有圖畫或文字裝飾的酒器。自一些插圖中，我知道酒器上的圖畫帶有筆法流暢、表達又甚稚拙的意味，表示民間的興味漸漸脫離了盛唐以前受外來文化影響的雕刻裝飾的傾向，走上純中國意味的開發。由於我對於自刻板的裝飾轉變為用筆寫意的過程很感興趣，所以特別留心宋、元北方民間陶瓷上的裝飾，特別是繪畫與文字的裝飾。

當我初次看到宋代瓷器上用草率的筆墨寫著整首詩詞時，受到甚大的感動。這證明了我們的古人在詩文上是廣及於大眾，深及於民間的，唐詩宋詞並不是少數人的藝術。詩文與民俗畫蓮鴨、牡丹、孩童等被同等看待，有時且渾為一體。恍然間使我覺得台灣閩南式建築上圖文並茂的裝飾，已經有了千年的歷史，這真可說是源遠流長了。讀了黃兄的大文，又知道這個傳統實在乃始於唐代呢！

黃兄的大文推翻了我另外一種推想。在我能讀到的資料中，似乎詩文表現在陶瓷上，在宋代以瓷枕為

台灣閩南式建築圖文並茂的裝飾。

北宋定窯龍口執壺，台北故宮博物院藏。
（© 國立故宮博物院）

北宋磁州窯牡丹紋酒器，高 31.8 cm，紐約大都會博物館藏。（©MET）

主，到了元代，才有在酒壺上寫詞曲的大量標本！瓷枕是屬
於中上階層所用的器物，所以我原以為自宋至元，詩文的大
眾化，與元曲的大眾化有相當關係。因此到了元代，才有在
大眾的酒壺上廣泛出現文字成篇的裝飾；如今知道自唐中葉
始，就有比較通俗的五言詩，在酒壺上抒情、言志，那麼元
代酒壺上的作法，就是一種古代傳統的復活。這段公案，有
待更多宋代器物的發掘才能下結論。

宋元瓷枕與酒壺上的文字在基本性質上與唐代酒壺相類，
它們都與當時文學的主流密切相關。唐代器物上以五言詩為
主，宋枕上則以詞為多，雖偶亦見五言詩；到元代出現七言詩，
卻以元曲當令了。其次，它們的共同特色是有些俚俗的成分，
大多不載於傳世的文集之中。這可以說明唐詩宋詞在當時如
同小調，人人都是詩人詞家，傳世的作品乃經過後人的精選。

其所抒之情與所言之志各代似乎也相類似。自美酒帶來
的愁緒，自愁緒反應出的人生如寄之感，功名利祿之不可依
倚等，屬於主要的內容，看起來倒像是為一些失意文人所準
備的。其次乃是表達離情別緒的文字，這類文字似乎都不像
家居中經常使用的器物上應該有的。所以我曾推想大部分寫
著文字的瓷枕與酒器，也許是專為酒店與旅社製造的。

宋代有一個詩枕上寫著：

過橋須下馬，有路莫行船。
未晚先投宿，雞鳴早看天。
古來冤枉者，盡在路途邊。

　　似乎只是勸告旅客們旅行時要處處小心，以免路上發生危險，冤死於途中，這也說明古代旅行是很危險的。它們還有一個共同的特點，就是運筆很瀟灑，字跡都是行書。也許因為出於瓷廠工人的手筆，所以書法是稚拙的，文字中免不了別字、簡體字，令人感到一種特有的親切意味。元代一個酒壺上的一首七言詩說：

　　　百草千花雨氣新，今朝陌上有游塵；
　　　皇州春色能於酒，醉殺西園歌舞人。

　　其中「能」字是「濃」字之誤，到今天能背誦詩詞的人都屬於知識分子，就不會寫別字，會寫別字的人，大約都不會念詩了。

民俗昇華為文人藝術

　　大約兩年前，我有緣收藏了一個元代磁州窯 3 酒壺，價錢不便宜，但因圓腹上寫了一篇文章，引起我的興趣，就設法買下來。原來宋代以後，酒器的形狀有很大的改變。富豪之家使用細瓷長嘴的酒壺；在民間，唐代那種廣口短嘴有把的酒壺，慢慢為高身、圓腹、小口無把的器形所取代。

　　到了元朝，酒壺的花樣多，造型十分成熟。其中我特別喜歡那種大腹無頸小底的，因為它特別予我「橫甕賦詩」的浪漫想像。我對中國人飲酒的歷史沒有研究，覺得唐代的廣口壺不適於儲酒，必然是自甕到杯之間的過渡酒器，哪有元代小口壺那樣既可以儲酒，又可以直接捧起來向嘴裡倒來得

實用。因此比較起來，元代酒
壺的造型更有豪邁氣勢。當然
連帶的，因為大腹而無流，面
積增加，可以寫較多文字了。

元代磁州窯酒壺。（漢寶德提供）

這只酒壺上歪斜地寫著一
首曲子，經查考似乎是盧摯 4
的一曲〈折桂令〉（括號內為
傳世文）：

嘆（想起）人生七十猶稀，

百歲光陰失去了三十五（三十）年，十年幼小（頑童），十
年癡呆（ 贏 ），五十年除分了夜刻《晝夜》，都算來有幾日
光輝（倒分得一半兒白日）。兔走鳥飛，花落春歸，（風雨
相催，兔走鳥飛，）

（仔細沉吟）只不如快活了偏意（便宜）。

如與傳世的同一首曲比較，只能說大體上相同。文字上
有若干處不同。開始的「嘆人生」，傳世曲文為「想起人生」。
整個說起來，我認為酒壺上的文字，雖然有錯誤（如三十五
年是三十年之誤），比起傳世文要好一些。「想起人生」就
不如「嘆人生」來得乾脆。

至於傳世文中「除分了晝夜」反而不如酒壺上的「夜刻」
通順。這樣比較下來，我開始懷疑這曲子的作者是不是盧摯，
可不可能出於無名的作者之手，為民間傳誦，然後由盧摯所
編集、改寫？當然也有可能為盧氏的創作，經民眾隨口唱誦，

曲文被任意竄改，後來所記載下來的，可能只是較流行的一種，不見得是原作。

　　我對詩文完全外行，這樣大膽的推想，難免貽笑大方。然而順著這樣的思路，使我忽然想起另一件中國藝術史上的公案來了。那就是文人的藝術與民間的藝術之互相影響，究竟何方佔優勢？照傳統的說法，自然是以文人為先。文人高高在上，有所創發，民間基於對上層社會的仰慕，群起仿效。我們甚至把這種模仿視為附庸風雅。

　　但是唐宋元三代的民間陶瓷器上的詩文是否附庸風雅呢？從它們粗獷的表達方式看，可以認為它們真摯地反映了當時生活情操。這些詩文是當時民間生活的一部分，而不是膚淺的對文雅生活的摹仿。根據這些資料，我們甚至可以認定留傳至今的唐詩、宋詞、元曲是在廣大民間中產生，再經上層社會的文人加以雅馴而成的。

　　比如在中國美術史上，一般認為宋代的繪畫是不題款、不題詩的純繪畫；畫上題字的風氣是自元代開始。但是在宋代磁州窯的瓷枕標本中，竟有畫上題詞的例子。瓷器上的字畫屬於民俗品，是不登大雅之堂的，因此不為後世文人所知。但是在民間繪畫與文字相配合，以互補表達力之不足，是非常自然的事。如果我們下一個斷語，認定元代以後文人畫的傳統乃來自民間，應該是八九不離十吧！我們希望有美術史家認真地研究一下此一發展的過程。

　　回顧自唐至元，中國民間生活與詩文的關係，不禁為今

天的大眾文化生活感到惴惴不安。我們的雅致文化在接受了
外國的影響之後，變成少數人的文化，與大眾的趣味脫節。
因此在推行精緻文化的過程中，遇到無言的抗議。文化產生
了斷層，缺乏反映全民族心聲的共鳴器，是今天文化建設中
的最大困難。然而，我們到哪裡去找唐宋酒壺那樣結合民族
情意的媒體呢？

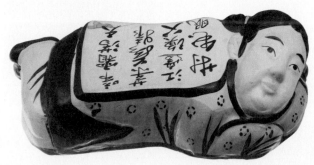

磁州窯童子枕，
上海博物館藏。

編註

1　黃永武的〈唐詩與酒壺〉原
文刊於 1984 年 12 月 4 日《聯
合報》副刊，後收錄於《珍
珠船》（洪範出版社，1985
年 3 月出版）。作者黃永武
（1936-），浙江省嘉善縣
人。東吳大學中文系畢業，
國立台灣師範大學國文研究
所國家文學博士。曾任教中
興大學中文系、成功大學文
學院院長，中華民國古典文
學研究會創會會長。所著
《中國詩學》4 冊榮獲民國
69 年第五屆國家文藝獎。
以散文馳名，所著《愛廬小
品》4 冊，獲第十八屆國家
文藝獎。著有《生活美學》
4 冊、《黃永武隨筆》上下
冊、《敦煌文獻與文學叢
考》上下冊、《中國詩學》、
《詩與情》等。

《珍珠船》書影，洪範出版社。

2　按「維基百科」：長沙銅官
窯，又稱長沙窯，唐五代時
期南方民窯，出產青瓷，同
時運用多種裝飾技法，品類
繁多。窯址坐落在湖南省長
沙市望城區丁字灣街道內，
因為最初發現地在銅官鎮瓦

唐長沙窯釉下褐彩葡萄紋三耳稜口
壺，廣東省博物館藏。
（取材自 Wikimedia Commons，
©Zhangzhugang）

渣坪，又稱銅官窯、望成窯、瓦渣坪窯，與後世官窯並無
聯繫。該窯已被廢棄千年，也未見相關文字記錄。根據遺
址地層推斷，窯場創燒於中唐，晚唐、五代為其極盛期，
其後衰落。考古發掘出土大量釉下彩器物，係此前未見之
工藝，被視為釉下彩裝飾的源頭，對宋彩繪瓷的發展有重
要影響，在中國陶瓷史上具有重要地位。長沙窯是 1957 年
被發現，瓷器的胎質多為灰白色，釉色以青、綠、藍、醬、
黃等色為主，釉層較厚。造型美觀別致，樣式新穎多變，
尤其是瓷塑的動物更是生動活潑、栩栩如生。將文字和繪
畫用於紋飾是其一大特色。文字有民歌、詩文、諺語等，
書寫在器物明處；繪畫有山水、人物、花鳥等題材，圖案
清新自然，頗具生活情趣。長沙窯主要有釉下彩、模印貼
花、貼花、刻劃花、印花、鏤空和雕塑等裝飾技法，其中
以釉下彩最具特色。唐朝以前的瓷器多為青瓷單色釉；自
唐朝以後，開始使用釉下彩技法，就是將鐵、銅等呈色劑
摻入顏料，用毛筆在未燒製的瓷器上繪飾圖案，然後再覆
蓋一層釉焙燒，使色彩從釉下呈現，大大提升了美觀度。

3　磁州窯，古代北方的一個民窯體系，窯址在今河北省邯鄲
市磁縣的觀台鎮與彭城鎮一帶，磁縣宋代屬磁州，故名。
據考察，磁州窯創燒於北宋中期，南宋、遼金元、明清仍
繼續燒製，燒造歷史悠久，流傳下來的遺物也多，是北方
陶瓷的代表。素有「南有景德，北有彭城」之說。

4　按「維基百科」：盧摯（約 1241- 約 1315 年），字處道，
一字莘老，號疏齋，又號嵩翁，涿郡（今河北省涿縣）人。
元散曲作家及詩人。盧摯以詩名聞世，但其詩集已經散佚，
不過留有一百二十多首散曲，是元朝個人散曲作品留存較
多者，著有《疏齋集》。

06
兩個中國陶瓷收藏的故事

澳洲墨爾本維多利亞國立美術館。

澳洲墨爾本藝術中心。

　　最近因為公務到紐澳、日本一行，旋風式地在十多天內走了7、8個城市。不停地轉換地點，上下飛機，進出海關，頗感到旅行的勞頓。很幸運的是，在紐澳，正是初夏的季節，天氣很好；到日本，則為深秋，然而也尚晴朗溫和，出門在外，不時感到令人愉快的陽光與碧藍的天空，是台灣所少見的。在緊湊的旅程中，我也抽暇逛逛美術館，曾在澳、日看到兩個中國陶瓷的收藏，讀了他們的說明書，覺得很有啟發性，在此介紹給國內有興趣於陶藝或有志於美術館工作的朋友。

　　我旅行的第一站是澳洲維多利亞州的首府墨爾本。第一天的行程是拜訪墨爾本大學的地質館，辭出時天色尚早，決定利用時間去看看他們的美術館。維多利亞州的組織中，有一個藝術部，專管各種藝術與博物館的建設。聽說藝術部對

藝術較有興趣，所以花了不少錢在美術館與歌劇院等的興建上，是值得一看的。他們的歌劇院與音樂廳建造得很搶眼，我並不十分喜歡，但看起來他們是花了些心思，又花了不少鈔票的。而美術館外型比較平實，內部也算明朗簡潔，比起古老的維多利亞國立美術館要順眼得多了。

澳洲霍爾醉心中國瓷

我沒想到在維多利亞國立美術館居然有一點中國藝術的收藏，其內容大體完備，也尚精緻。在偏遠的澳洲荒涼大地上，英國人開拓殖民地，建造城市、設立畫廊，我預期看到的一是澳洲近百來的本土藝術，二是殖民地的官員所輸入的英國及西歐的藝術，沒想到居然在相當顯著的地位，展出了中國的陶瓷與銅器、字畫。當時是在怎樣的情形下，進行這樣的收藏呢？

維多利亞國立美術館二樓中國廳一隅。

維多利亞國立美術館典藏的唐陶牛車。

　　原來該館的中國陶瓷收藏完全是一個人的努力所促成，他是該館十九、二十世紀之間的館長霍爾先生（Lindsay Bernard Hall, 1859-1935）[1]，在當時的十九世紀末期，中國的藝術在英倫已大受讚賞，霍爾大概是受了英倫風氣的影響而特別喜歡中國藝術，但是他擔任館長的初期，該館已經有一點東西了，大多是清末的瓷器以及在中國可見到的佛像與繪畫。他上任不久就發現雪梨的拍賣場上不時出現中國古代器物，因為清末以來，澳洲人也有不少人參加了掠奪中國文物的行列，這些東西帶回國去，有一部分在市場上轉手，霍爾先生對於中國古物並不甚懂得，但他以美術館長的直感，覺得這些東西是珍貴的，就爭取預算，找到一位古董商協助，選其精美者購買之。當時他買的器物，每件平均 20 英鎊，在民國初年，這是很可觀的數字。

　　得道者多助，霍爾的興趣，使若干墨爾本出身，在海外事業成功，對中國藝術有興趣的人，紛紛給予他一些幫助。

明代青花五彩蓋盒、五彩魚藻紋碗與花鳥四層節盒。

明萬曆青花五彩龍鳳紋折沿洗。

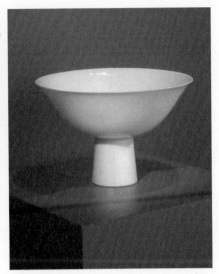

唐代白瓷雙耳瓶。　　　　　　清乾隆高足碗。

一位發了財的律師一口氣捐了 88 件陶瓷，自漢初至清末，樣樣都有。這當然激發霍爾更高的興致，努力於中國古器物的收藏。

這時候，中國正值大混亂時期，軍閥割據，很容易混水摸魚，一位住在中國的澳洲軍官名柯林斯者，答應為霍爾負責收集。柯林斯描寫當時中國的情形，很多唐、宋的古墓被挖掘，陶瓷雕刻甚多，但對這些古墓的背景資料一無所知。歐美人士已把存世的中國藝術佳品搜羅一空，就等著看挖出來的東西了。日本人更派了代表到各地去查詢任何高級古物出土的消息，以便與歐美的博物館競爭。如果澳洲要分一杯羹，非在當地駐有專負收集之責的人是辦不到的。柯林斯為霍爾在當地以甚低價格收集了不少名貴古器物。

明代青花高士圖大罐。

　　收的這批漢唐古物是不錯的，但該館某諮詢委員接受一位骨董商的意見卻認為都是假貨，而引起一場爭辯。中外一樣，博物館遇到外界指責時，沒人追問指責者是否有資格發問，反而一味要求博物館改善。霍爾館長沒法子為這些古物的年代提出鐵證，只好要求大英博物館的專家胡伯遜氏提供意見。胡氏是一位學者，認為該館應自行聘請專家，因為陶瓷年代的判定是一門學問，有時新資料的出土，會改變原有的看法。這樣的答覆無異於火上加油，使諮詢委員會對霍爾失去了信心，收購的撥款中斷了兩年。

　　後來愈爭愈烈，霍爾被迫把 16 件最得意的漢、唐古物運到倫敦去鑑定。鑑定的結果，古墓出土的 14 件均真，而其中 12 件為優良品。霍爾打了一個大勝仗，那位咄咄逼人的骨董商啞口無言了，但該館的珍貴收藏中的 7 件卻因運送不幸破損而需要修補。

　　到了 1930 年代，維多利亞國立美術館的中國收藏主要是一位赫伯特・肯特（Herbert Wade Kent, 1877-1952）[2] 先生的貢獻，這位先生在中國服務多年，對中國的古物著迷，收藏了很多，知識豐富且品味甚高。他是墨爾本人，所以就把收藏品 129 件借給維多利亞國立美術館展覽。展覽的結果非常轟動，參觀的人群使肯特感動之餘，遂全數捐出。不但把收藏品捐出，連自己也捐出來，正式投入該館的工作，成為第一位東方藝術的監理人（Curator）。肯特在該館的二十幾年間，建立了陶瓷以外中國美術的收藏，充實了中國陶瓷的收藏，而且明智地以陶瓷的收藏為該館的主力。

　　以展出的東西來說，數量並不很多，品質與歐美、日本的收藏無法相比，但在漢代到唐宋的出土器物上，超過國內的收藏；其中有幾件十分精彩。對於一個中國人來說，面對這樣的收藏與其艱苦努力的過程，感覺是很複雜的。一方面感到很驕傲──中國文化居然使數千哩外的地球另一端，一個初生的殖民地的人民，這樣熱心為它爭辯，使它在其國立美術館的主要展示區佔有重要地位，確實顯示我們祖先的成就是世界性的。

　　另方面卻也覺得很慚愧，中國文化的遺物如此受外人尊崇，而在國內，只有近幾年才受到民眾注意，自清末到民國十幾年的半個世紀間，中國的中原一帶，是外國的博物館學者競相角逐來中國挖墳的場地。中國的知識界懵懂無知，政府腐敗無能，聽任外國人把最精美的漢唐古物以最低廉的代價搬走。直到今天，中共不斷發掘古物，在精品方面，除了秦俑以外，尚無法與國外的收藏品相比。而最近幾年來，卻

澳洲墨爾本維多利亞國立美術館一隅。

仍有不少精緻的古物偷運出境，流到國際市場。近百年來的中國人，充分表現了「不肖子孫」的可憐相。

　　同時我體會到一座美術館的收藏與館內的負責人與監理人大有關係。如果沒有一位高瞻遠矚、奮鬥不懈的霍爾館長，墨爾本的中國收藏不會有今日規模。美術之範圍廣大，而美術館的收藏量有限，今天國內的美術館常常要先訂定目標，有時不免吵鬧不休。實際上，沒有熱心投入的工作人員，目標並沒有意義，有看法、有才能的負責人員根據自己的判斷去努力於收藏，才是建立一座美術館的途徑，這點值得國內參考。

安宅收藏特設博物館

　　我旅行的最後一站是大阪，回程的飛機是星期天的下午起飛，因此仍有一上午的空閒，我決定去大阪的「市立東洋

陶磁美術館」一行。這座博物館久已風聞，上次來大阪時曾
想去參觀，但旅館的服務人員與計程車司機都不清楚在哪裡，
匆忙間只好錯過。這次因有日本友人中田先生陪同，他為我
打聽好地址，又陪我前往，所以輕鬆愉快地找到該館。該館
坐落在市中心河邊的文化休閒區中，到星期天是不准汽車進
入的。但短短的散步里程使我進一步認識日本當前在市民休
閒設施上高超的品質，因此到了陶瓷館，就不因其建築的高
品質而感到過分驚訝了。

　陶瓷館的建築，反映了日本人的性格，自外邊看貌不驚
人，規模也有限。但是建築物的品質極盡精緻之能事。使我
吃驚的，乃如此小的專業博物館，又似乎少為人知，卻擁擠

大阪市立東洋陶磁美術館。

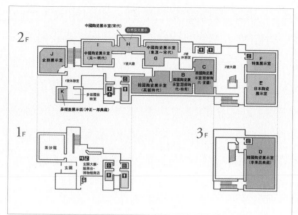

大阪市立東洋陶磁美
術館平面圖。（**翻攝
自美術館官網**）

了不少的觀眾。中國與韓國陶瓷真正對日本人有如此的吸引
力嗎？古代陶瓷這種不甚通俗的藝術竟有那麼多人在星期天
上午，放棄了睡懶覺的機會去買票參觀，令我很佩服日本人
愛好藝術的風氣。

這座世界唯一的陶瓷專業博物館，全名是「大阪市立東
洋陶磁美術館」。（日本人愛寫別字，把「瓷」寫成「磁」。）
其來歷乃是有名的「安宅收藏」[3]。這是日本戰後企業家的主
要中國收藏之一。日本人喜歡中國古陶瓷已非一日，但是二
次大戰的戰亂使大部分的日本私人收藏瓦解。安宅[4]是在戰
後起家，迅速累積財富，同時也悄悄收購中國與韓國的古陶
瓷。其實安宅的收藏以韓國為主，據說是韓境之外的最大收
藏，共一千件，均為精品，中國的陶瓷所收不多，僅一百餘
件，也許因為日本人在文化上輕韓重華之故，這一百多件瓷
器的聲望遠超過八百多件韓國的瓷器，而為世人所熟知，當
然這與收藏品質是有關的。

　　我們去參觀時，該館正展覽韓國李朝瓷器的發展，所以沒機會看到全部中國的收藏。但是為了滿足遠來專訪名瓷的訪客，該館闢了一個專室，不大，但是已將該館最精彩的幾十件永久陳列，與主要展示區分開，供參觀者仔細觀賞。這個小房間裡三分之二是中國陶瓷，包括被日本政府評定為國寶與重要文化財的幾件作品。其中一件被列為國寶的天目碗，是傳世的，鑲著金邊，其光彩與色澤，確實動人，難怪日本人為天目碗著迷了幾個世紀。

展示櫥採用自然光照明，使觀眾在最理想情形下觀賞到作品之美。（大阪市立東洋陶磁美術館提供，六田知弘／攝影）

採用自然光照明的展覽室。
（大阪市立東洋陶磁美術館提供，六田知弘／攝影）

安裝了旋轉的展示基座，以便展示出圖案的全部。
（大阪市立東洋陶磁美術館提供，六田知弘／攝影）

十一世紀北宋景德鎮窯青白瓷瓜稜形執壺，高 25×
徑 5.7cm，住友集團捐贈。
（大阪市立東洋陶磁美術館提供，六田知弘／攝影）

國寶元代龍泉窯青瓷褐斑玉壺春瓶，高 27.4× 徑
14.6cm，住友集團捐贈。
（大阪市立東洋陶磁美術館提供，六田知弘／攝影）

　　「安宅」的收藏中還有一個特點，幾乎完全是瓶罐盤碗
壺之屬，沒有特殊造型。當年這位收藏家是高段的陶瓷鑑賞
家，有相當的藝術造詣，乃能不為雕刻造型之美所惑，尋求
最平凡而最高貴的作品，以釉色之美，製作之精，與比例之
勻當取勝。這當然也是日本陶瓷收藏界的一貫作風。

　　日本的企業家發了財常以收集藝術為樂，但很少捐給
公家，多半成立私營的陳列館，達到造福社會的目的。我就
懷疑為什麼「安宅」家這樣好的東西送給政府，而且是送給
市政府？同行的日本朋友聽到我的問題，立刻買了一本該館
的介紹，說給我聽。他說「安宅」並沒有捐出來，是因為十

唐八世紀灰陶加彩仕女俑，
高 49× 寬 20.3cm，住友集團捐贈。

明宣德（1426-1435）景德鎮窯青花纏枝寶相花紋罐，高 35.8× 徑 42cm。
（大阪市立東洋陶磁美術館提供，六田知弘／攝影）

北宋定窯白瓷刻花蓮花紋洗，高 12.1× 徑 24.5cm，住友集團捐贈。
（大阪市立東洋陶磁美術館提供，六田知弘／攝影）

金鈞窯月白釉碗，高 8.9× 徑 19.5cm，住友集團捐贈。
（大阪市立東洋陶磁美術館提供，六田知弘／攝影）

十三世紀高麗時代青瓷鐵地象嵌詩文瓶，高 30× 徑
13cm，李秉昌博士捐贈。
（大阪市立東洋陶磁美術館提供，六田知弘／攝影）

十八世紀後半朝鮮時代「白瓷陽刻四君子紋方瓶」，
高 20.4× 徑 10.6×10.8cm，住友集團捐贈。
（大阪市立東洋陶磁美術館提供，六田知弘／攝影）

幾年前，事業失敗，債台高築，必須把收藏品拿出來換錢抵
債。大阪市的工商界覺得原收藏是大阪之光，不能讓它散失，
就發起運動，捐錢來購買，並送給大阪市民，市政府要負責
蓋一座精美的博物館來收藏、展示。究竟捐了多少錢呢？共
一百五十餘億日幣，以今天的幣值來算，相當於二億二千萬
美元。住友銀行的二十幾個相關公司努力了近十年才捐完。
這個數字實在可觀，使我對日本人喜愛陶瓷與愛鄉愛市的精
神敬佩萬分。他們使我感覺日本人確實是世上最能欣賞藝術，
最看重藝術的民族，是我們所望塵莫及的。

大阪市政府也不負眾望，在市中心選擇了最適當的地點，

建造一座精美的專業陶瓷館來展示。由於是專業性質，所以
展示上的燈光與設備可以做到十全十美，使觀眾在最理想情
形下觀賞到作品之美。有些地方安裝了旋轉的展示基座，使
有精美圖案的瓶罐之屬可以旋轉，以便展示出圖案的全部。
該館最得意的是有一個房間的展示櫥採用自然光照明，使陶
瓷的欣賞得以在天光下進行，以完全還原到古代的狀態。這
樣的設備是非常複雜的，只能在接近屋頂的部分考慮設置，
而且要考慮紫外光線的過濾及防漏、防塵等問題。如果陰天，
還要用燈光補充。我很佩服他們為了這樣一個一般觀眾並看
不出分別的照明問題，費那麼多精神。

重要文化財八世紀奈良時代三彩罐，高 17.5×徑　　　　七世紀奈良時代須惠器長頸瓶，高 35.4×徑 27.4cm。
25.1cm，住友集團捐贈。　　　　　　　　　　　　　　（大阪市立東洋陶磁美術館提供，六田知弘／攝影）
（大阪市立東洋陶磁美術館提供，六田知弘／攝影）

　　這個陶瓷館反映了當前日本文化的風貌：一切採高科技、高價位以追求精緻的品質，並不重視規模與數量。這一點與我國社會的需求完全相反；我國當前文化的風貌是以體型龐大、內容粗糙，雜亂熱鬧為追求的目標，也許基於國情的需要，並沒有比較的基礎，但以內省的藝術之教育與修養來說，日本人高過我們太多了。他們願意為一個有新的個人收藏建造一座館，就不是我們能做得到的。

　　我深深感到，我國一定要徹底放棄虛浮的追求「世界第一」、「亞洲第一」的心理。在文化上不可能出現奇蹟，其水準是全國國民長年累月自我教育的結果，不是用大筆錢建一個硬殼子就忽然提升的。一座很大的美術館建築只表示我們追求精神生活品質的決心，並不表示已經到達了某種標準。我們有「亞洲第一」的美術館而全部不值一幅畫的價錢，有「世界第一」的動物園而缺失百出，聽說要做「世界第一」的星象館，這是一種什麼心理？單單是暴發戶還不足以說明！我們要學著了解重質不重量的道理。

　　我也很佩服大阪市的工商界對該市的文化關心之程度。日本人誠然有錢，但湊出那麼大一筆錢卻實在不易。我國的工商界有時會響應政府的號召為公益所需出一點小錢，而且還要上電視與政府首長握手留念，但是他們對於文化卻不甚關心，對於地方更不關心。當然，沒有一個使他們關心的內聚力，也是很重要的原因。

　　這使我想到，一個逐漸富有的社會，如何結合企業界與知識界的力量共同推動文化工作，是當前非常重要的一個步

驟，若是樣樣都依賴政府的預算，不但不免捉襟見肘，而且
永遠無法達到普遍提升藝術水準的目的。文化原是民間的事
業，如果不能有錢出錢，有力出力，即使政府願意、永遠居
於保母的地位，其成效也是有限的。

——《聯合報》副刊，1988/1/11

十二世紀高麗時代青瓷獅子形枕，寬 18.4×9.2× 高 10 ㎝，住友集團捐贈。
（大阪市立東洋陶磁美術館提供，六田知弘／攝影）

編註

1　林賽・霍爾（Lindsay Bernard Hall, 1859-1935）出生在英格蘭
利物浦加斯頓區，蘇格蘭裔。1874 年在南肯辛頓皇家設計
學院（Royal College of Art, South Kensington）習畫，畢業後至
歐洲遊學，1882 年回到倫敦，開展個人的畫家生涯。1892
年被任命為墨爾本維多利亞國家美術館（National Gallery of
Victoria）館長和藝術學院院長，1905 年至歐洲為美術館收
購藝術品，奠定維多利亞國家美術館的典藏核心。1934 年
至倫敦出差，病逝於倫敦，擔任館長一職達 43 年，是澳洲
甚有影響力的文化人。

2　赫伯特・肯特（Herbert Wade Kent, 1877-1952）出生在墨爾
本的南亞拉（South Yarra），從小受家中的中國貿易瓷吸引，
對東方充滿憧憬。1898 至 1904 年，在墨爾本和倫敦的航
運公司工作，1905 至 1936 年在中國和日本的「Butterfield &
Swire 公司」（太古洋行）任職。1937 年回墨爾本，將他
的 129 件藏品在維多利亞國家美術館展覽，展覽很成功。
1938 年肯特成為美術館的董事與第一任東方藝術監理人，
開始為美術館充實東方藝術品的典藏。1943 年雪梨藝術家
協會特頒予勳章，表揚他對澳洲藝術之貢獻。

3　「安宅收藏」
的館舍由建築
師橫川隆一
設計，曾經於
1984 年 3 月 31
日獲得「建築
美協獎」。

建築獲獎的獎牌。

明正德（1506-1521）景德鎮窯黃
地青花折枝花卉紋盤，高 5.8×
徑 29.2cm，住友集團捐贈。
（大阪市立東洋陶磁美術館提
供，六田知弘／攝影）

明嘉靖（1522-1566）景德鎮窯綠
地紅彩纏枝寶相花紋葫蘆瓶，高
22.1× 徑 12.7cm，住友集團捐贈。
（大阪市立東洋陶磁美術館提
供，六田知弘／攝影）

4　　安宅英一（Ataka Eiichi, 1900-1994），二戰後日本十大商社
　　之一的安宅產業株式會社董事長。「安宅收藏」（Ataka
　　Collection）的靈魂人物，藏品中 2 件在日本認定為國寶，
　　13 件列為重要文化財。大阪市立東洋陶磁美術館於 1982
　　年 11 月開館，該館係由大阪市為紀念住友集團 21 家公司
　　捐贈舉世聞名的「安宅典藏」而設立。

07 流落歐美的木雕菩薩

　　民國二十年前後可能是中國文物最嚴重的外流期，骨董商人乘國家尚未安定，大量外賣，甚至有些廟上的壁畫都被割成方塊，賣到海外了。風水輪流轉，這幾年來，台北的收藏家開始對佛像發生興趣，因此在骨董市場上，石雕與木刻的菩薩及羅漢取代了前幾年的陶瓷器。

　　不久前，我在朋友的店裡看到他新近自歐洲買回來的宋代木雕菩薩，這一座盤腳而坐的菩薩，法相慈祥而莊嚴，姿態優美，真是古代藝術的佳作。這使我想起過去在西方博物館裡所見的宋代木雕了。中國古物被外人弄走，擺在博物館當鎮館寶，說起古代木刻菩薩像來，不免令人傷心。記得多年前初到美國，在東部旅行，逛博物館，常看到略大於人體的木雕菩薩，色彩斑駁而古雅，姿態優美動人，面相莊嚴而祥和，予人深刻印象。有一座博物館，好像是佛利爾[1]吧，進門的大廳就有數座，布置得宜，令人心生美不勝收之感。

美國華府的佛利爾美術館中庭。

台灣廟宇中的北方多聞天王。　　塗了厚厚油漆及金粉的泥塑。

　　當時的我，雖然對藝術頗有興趣，但對中國藝術的了解只及於一些繪畫、建築而已，對於大型的中國佛像，只見過廟裡臃腫、拙笨，塗了厚厚的油漆及金粉的泥塑。可以想像我面對那些近乎傑作的木雕，不免目瞪口呆。我不敢相信，中國人曾經產生這樣美的宗教藝術嗎？中國人有這樣的東西，為什麼故宮博物院裡沒有呢？而且在任何場合中都沒有見過呢？為什麼在中學課本上也沒有介紹呢？外國人又是從哪裡弄來這些寶物？為什麼他們幾乎每一座博物館都有這些寶物呢？

　　中國古物被外人弄走的可多啦，本不足為怪。怪是怪在弄走擺在博物館最明顯處當鎮館之寶，我們自己還不清楚這些東西的來源及其價值。我國古代的石刻，身首異處被外國

北魏雲岡石窟佛首，美國費城美術館　　北魏雲岡石窟佛像，巴黎居美博物館（Musée Guimet）藏。
（Philadelphia Museum of Art）藏。

人弄走，供在他們的博物館裡，或大戶人家的客廳裡，是久有所聞的。那是因為日本學者勘察寫了報告，所以我們知道有龍門石窟這回事，知道自北魏到唐朝，中國有輝煌的石雕歷史，至於木雕呢？似乎是一片空白。在過去，很多人認為木雕是日本專有的藝術。

在日本，確實可以看到不少相當於中國唐宋時代的木雕，不談別的，就是奈良法隆寺中門裡的天王，那股威武雄壯的勁兒，與唐代出土的武士俑簡直一模一樣。奈良東大寺中門的四大天王，身軀碩大，高過真人數倍，令人想像當年大唐長安的佛寺裡，一定有更為壯觀的木雕，可惜都在滅佛的時候當木柴燒了，中國人最善於破壞古物，紅衛兵只是時代的名稱而已。

奈良法隆寺中門的天王之一。

奈良法隆寺中門的天王之二。

奈良東大寺中門的四大天王之一。

奈良東大寺中門的四大天王之二。

北宋木雕觀音菩薩像，美國紐約大都會
博物館藏。（©MET）

北宋彩繪木雕觀音菩薩像・美國紐約大都會博物館藏。（©MET）

新北市世界宗教博物館中的五台山唐代佛光寺大殿模型。

　　話說回來，中國人的這些精彩木雕藝術品究竟是怎麼回事呢？原來在清末民初，外國的傳教士深入中國的窮鄉僻壤，記錄了很多事。風土人情是一類，其次就是當地的工藝。當時他們在山西的古老廟宇裡發現了很多佛教繪畫與雕刻，與中國其他地區的藝術不盡相同，引起外國藝術史界的興趣，就稱之為「山西式」。著名的中國藝術史家西克曼先生[2]就曾於抗戰前走過一些古廟。不用說，見了這樣偉大而古老的藝術品，他們是頗受感動的。然而中國的知識界對這些寶物仍然一無所知，即使建築學者在調查古廟時，也只把佛像當成當然存在的東西，沒有加以研究。

　　山西在中國，由於其地理位置而頗受隔絕。太行山把它與河北、河南的平原隔開，而境內多崎嶇的山嶺，所以在群

雄逐鹿中原的時候，這裡比較不受重視，因此，也就少一些
戰亂。在歷史上，山西是中國的北疆。長城與雁門關在山西
北方的省界上，自古以來，中國與北方民族對抗，這裡是關
卡，也是重兵駐守之地。如果晉北失守，防線大概就退到黃
河了。在中國強盛的朝代，這裡是馳騁大漠的根據地。所以
山西是北方民族南下時的必爭之地，也可說是中國與北方民
族融合的起點。

　　山西氣候乾燥，戰亂又少，寺廟及佛像保存較好。由於
這樣的地理、歷史的背景，山西尚保留了中國現存最古老的
木造建築。有名的，如五台山唐代的佛光寺大殿[3]、大同的
一些遼金大廟，太原的宋代晉祠[4]大殿等不在話下了，在中、
南部偏遠地方，幾乎到處都是宋、金、元等朝的建築，在今
天看來都是重要的木造建築。這裡可說是中國木造古建築的
寶庫。在殿堂之外，中國最古老、最偉大的木塔，建於十世
紀的遼代「佛宮寺釋迦塔」[5]也在這裡。而這些古老的大廟

太原宋代晉祠。
（取材自 Wikimedia Commons, ©Gisling）

遼代佛宮寺釋迦塔。
（取材自 Wikimedia Commons, ©Charlie Fong）

裡，原來就排滿了泥塑與木雕的佛像，本來就是當時最頂尖的中國雕塑藝術，一直保留到現代。

為什麼山西的寺廟及佛像保存得特別好？除了戰亂較少之外，還有兩個理由，當地氣候乾燥，木材持久不壞，是一個原因；若在台灣，木構建築十年八年就爛了，再好的木頭也禁不住白蟻。另一個可能的原因是進出山西的塞外民族信奉佛教較篤，目前在山西保留下來的寺廟，除了兩座晚唐以外[6]，大多是遼、金、元的遺物，尤其以金、元為多。在中原板蕩，中華民族經歷了戰亂的洗禮之後，文化變得疲軟了，不但建築漸漸收斂，佛像藝術也刻板、拘謹化了，倒是遼金佔領區中，唐人的遺風仍承襲著唐朝的自信以及其豪放的作風，飛揚的意氣，仍可在遼金藝術上看到一些。所以那一帶的佛像木雕，比起同時中原的東西來，要生動得多了。

可惜的是，這樣的藝術寶藏，中國的知識分子沒有發現。這是因為明代以後，佛教衰微了，中國讀書人的精神在書畫上打轉，已經失掉欣賞佛教藝術的能力。民國以後，經西洋人研究、宣揚，就有外國的藝術商人來此購買。中國當地的骨董商並沒有國家觀念。中國有錢人不要的東西，有外國人來收購，他們就不客氣地賺這筆錢了。石佛大多在石窟寺，還要費手腳去破壞，山西的木雕只是擺在廟裡，要抬走太方便了。

珍罕雕像民初大量外流

民國二十年前後可能是最嚴重的外流期，骨董商人乘國

家尚未安定，大量外賣，甚至有些廟上的壁畫都被割成方塊，賣到海外了。歐美的大博物館興奮得很，因為中國的古藝術品既便宜又好。據說民國二十一年，骨董商在巴黎展售的中國藝術品中，就有宋、金的大型木雕 38 座之多。可以想像當時流出來的重要佛像之數量多麼驚人！

　　我們可以這麼說：自北伐到抗戰這段時間，山西省像樣的古木雕都已經出國了。歐美的大博物館無不擁有一座或數座，而仍在中國的可說寥寥無幾。我自出版的資料中看到，目前在大陸的可能只有一座，而品質又不太好。不用說在台

倫敦大英博物館典藏的觀音像。

巴黎居美博物館典藏的羅漢像。

灣的故宮博物院與歷史博物館是沒有這類收藏的！像這樣的
藝術浩劫只有古代滅佛的時候才會遭遇到，真是令人傷心！
在國家動亂、軍閥角力的時候，政客們何曾想到文物的維護？
商人大肆搜羅，就便宜了外國的收藏家與博物館了。觀音菩
薩雕像最常見，不論坐立皆慈祥端莊。有一個很奇特的現象
是在國外看到的宋、金大型木雕，大多是觀音像，少數是羅
漢像，並沒有見過佛像。這是什麼道理，一時說不出來。在
比較流行木雕的日本，天王像多，佛像也多，可是很少見到
觀音菩薩像。

京都淨琉璃寺鎌倉時代（十三世紀）吉祥天王像。

巴黎居美博物館典藏的觀音像。

　　觀音像數量多，可能與中國唐代以後佛教發展的方向有關。這位菩薩原來是阿彌陀佛的兩位脅侍菩薩之一。祂站在左邊，大勢至菩薩站在右邊。唐代的佛雕，常見「三位一體」的作品，大概就是西方三聖的組合吧！可是觀世音[7]是眾多菩薩中最有慈悲心腸的，世人受苦受難的多，所以觀世音特別受到崇拜，後人就把祂升級了，被認是阿彌陀佛的繼承人，簡直與基督教裡的耶穌一樣，是公認的救世主。一般說來，如果廟裡供奉的是阿彌陀佛，或釋迦佛，佛身通常很大，搬動可能不容易，而且姿態也比較刻板，對收藏家的吸引力差。而菩薩與羅漢不但體型較小，表情、動作又頗生動，可能是在國外多見的原因。

　　觀音的造像種類多也可能是數量多的原因。據說在觀音普受崇拜的唐代，呈現的化身有 33 種之多。日本京都有座三十三間堂，是不是來自這個典故，有待查證。這 33 種化身各有名稱，以表示不同姿態，手中持有不同的物件。可是以今天所見的宋、金大型木雕來看，常出現的姿態不過數種，而且以坐式為多。而坐式中又以兩腿分開，右腳抬高到座位，採自然坐姿的「水月觀音」最為常見。

　　今天比較難看到的大型木雕是立像。我在歐美博物館中所見，印象比較深刻的是比利時皇家博物館中的那一尊。這尊像的外型十分高大，在 2.5 公尺以上。祂的右肩略低，左臂略上揚，上身微微左轉，該館的學者認為這是一組「西方三聖」中左邊的脅侍菩薩，也就是觀世音菩薩。西方學者觀察入微，推想得十分有理。但以此像的尺寸來看，祂被供奉的那座大廟的規模，恐怕是相當雄偉可觀了。中國的木雕立

京都三十三間堂內的觀音群像。

像代表了中國人的審美觀與東方人的身材。祂的身高可分為兩段，自臍眼處，上身與下身約略相等，所以顯得敦厚、莊重。這一點，不但與西方人的人體美不能相提並論，即使與比較寫實的唐代雕塑，如敦煌石窟中的塑像，也是大有分別。

西方人以生殖器為人體的中心，所以下身長，上身短，胸脯與頭佔的比例小。唐代的美感雖然是臃腫的，但佛像受印度與西方影響，故腿長、頭小。可是到了宋代，外國的影響漸褪，中國的美感漸佔上風。我們的身材本來腿比較短，就加以誇張。我注意到，宋代立雕的身材在表現民族的美感上，恰如其分，雖與解剖學不符，但在表現菩薩的慈祥端莊上，卻有增一分太多，減一分太少的完美感。元代以後，中國的佛像，腦袋進一步地增大，雙腿不斷退化，坐像幾乎只剩一個佛頭了。直到西洋寫實的精神來到中國的明末清初，比例才有所改變。比利時的這座觀音立像，身上掛著瓔珞、飄帶等飾物，會令人感到男女不分。若論身材，卻是標準的汽油桶，與印度系女神的細腰、肥臀、大胸脯截然不同，顯然是男身。然而其立姿微微左傾，也顯出一點女性的忸怩。祂有一種神性，使你根本沒有分析其為男為女的動機。性別在這裡已經不重要了。

盤腳而坐的菩薩像所見比較多，由於造型莊重，與一般人所了解的神佛形象相稱，最為收藏家所喜愛。前面我提到的，一位朋友自歐洲買回來的菩薩，就是這種盤坐的菩薩。這座菩薩，因為披了雲肩，又沒有瓔珞，恐怕時間上晚過北宋，可是其神情肅穆，坐姿穩如泰山，兩腳相盤於腿間，幾乎看不到了，是非常有表現力的作品。如果不是雙手上下相

美國「聖路易斯藝術博物館」典藏的水月觀音。（©Saint Louis Art Museum）

對的有一點動態，就會覺得過於呆板了。有了這一點動態，就感到他有一肚子的關懷，要用這無言的手勢告訴我們。菩薩的身體自正面看，如果不算頭上的髮髻，則面孔與露胸佔高度的三分之一，自下面看時，臍眼的位置佔通體高的四分之一，體寬的三分之一，在不知不覺中，當時的匠人運用了適當的比例，使它留傳至今，令人百看不厭。而保存十分完整，色彩古樸，表面斑駁有致，是很難得的。

　　比較常見的「觀自在」，手邊保存的資料齊全的，是幾年前我在倫敦「維多利亞與亞伯特」（Victoria and Albert Museum, V&A）博物館中所見的那一座。這座菩薩是金代的作品，祂坐在錯落的山石上，左腳自然下垂，踩著地面的石頭；右腳抬高，踩在座位的石面上，非常瀟灑自然。

　　我的印象中，這不是此類宋代作品中最令人感動的一座，因為祂的右手前伸放在右腳的膝上，後來斷掉，可能是在明代，換上了一隻女性的手。同時，身上的顏色也在明代改裝過了，所以多少予人以不調和的感覺。原來這座雕像，歷經元、明、清各代均有人供奉照顧，正因為如此，身上披了歷代層層的色彩。專家們為此從事耐心的研究，使用現代科技，已經可以分別那是元代以前的原彩，那是明代的金妝，那是近代新塗的顏色。經過他們的研究，確知宋元的菩薩造型與敦煌石窟中的塑像近似。大多裸露上身，戴著少數飾物，衣服自腰而下，垂到赤足，顏色對比鮮麗，衣服以紅、藍、綠等原色，夾著金飾。赤裸的上身與面部都是白粉色或肉色，這是印度的影響。唐宋後，面貌、姿態雖經漢化，衣著仍有熱帶風貌。

北宋彩繪木雕文殊菩薩像，美國
紐約大都會博物館藏。（©MET）

北宋脅侍觀音像，美國紐約大都會
博物館藏。（©MET）

遼代彩繪木雕水月觀音菩薩像，美國紐約大都會博物館藏。（©MET）

明代獅吼觀音菩薩，美國紐約大都會博物館藏。（©MET）

金代木雕觀音菩薩像，倫敦大英博物
館藏。

　　明朝以後，配合著觀音的女性化，衣裝也完全改變。佛
要金裝的觀念，由於金銅佛的流行而影響到木雕與泥塑藝術，
連菩薩身上也要貼金了。維多利亞與亞伯特博物館的這尊菩
薩，就是明人在宋雕上加金裝，使一座原本很活潑的多彩多
姿的造型，一變而為嚴肅而生硬的金銅造型。至於最上面的
一層紅、綠彩，經該館專家查明，是近代加上去的。也許因
為盜賣者為了迎合外國人的口味，揣摩金、元的色彩，才另
上一層新漆。所以該館決定把這一層拿掉，露出明代金妝的
面目。

　　這一類的坐像在宋元的古廟中佔有什麼位置呢？立像我
們是知道的，應該侍立在中央大佛像的左右。可是坐像就很

難想像了。後世的觀音，常常是主要的崇拜對象，也坐在正
位上，為一殿或一廟之主。可是那時的菩薩要十分莊嚴，莊
嚴到呆板的程度，以擺出殿堂主人的樣子。這種輕鬆的坐姿，
太隨便了些，實在與佛寺的氣氛不甚相符。後來我看到五台
山佛光寺大殿佛龕的一張照片，與奈良唐招提寺金堂的佛龕
一樣，是一個低矮的平台。正面是佛像，兩側是菩薩的立像，
前面原本是奉養人造像的位置，放了一排各種姿態的菩薩像。
使我推想當時的這類菩薩像是奉獻的人許願所訂製，經過寺
廟主持人許可，放置在佛像的前列，接受崇拜者的香火。因
此當年的數量應該很多。

金代木雕觀音菩薩像，墨爾本維多利亞國立美術館藏。

宋代木雕佛像，美國奧勒岡州奧勒岡美術館藏。

金代木雕釋迦牟尼佛像，美國紐約大都會博物館藏。（©MET）

金代菩薩立像，美國紐約大都會博物館藏。（©MET）

明代彩繪木雕菩薩坐像，美國紐約
大都會博物館藏。（©MET）

明代彩繪木雕善財童子像，美國紐約大都會博物館藏。（©MET）

明天啟檀木雕觀音菩薩像，美國紐約大都會博物館藏。（©MET）

清代獅吼觀音像，美國紐約大都會博物館藏。（©MET）

明洪武十八年彩繪木雕水月
觀音菩薩像，美國紐約大都
會博物館藏。（©MET）

清初檀木雕送子觀音像，美國紐約大都會博物館藏。（©MET）

清康熙檀木雕觀音像，美國紐約大都會博物館藏。（©MET）

中國拼湊法保木像長久

宋代山西的木雕菩薩代表中國雕刻藝術的高峰，可惜至今沒有系統的研究。很遺憾，連西克曼寫的東亞藝術史上，木雕菩薩也沒出現，可見對西方人而言，也是缺乏研究的。有一點我們可以肯定的是，木雕菩薩的匠師有藝術家的氣質與才能。近年來，佛像漸受收藏家歡迎，大型佛像存在於西方民間者，漸可在拍賣場上見到，大多是世界級的傑作，絕不輸歐洲的古典雕刻。與宋元木刻菩薩比較起來，敦煌的泥塑就像孩子玩泥巴一樣的幼稚。即使盛唐留傳下來的泥塑，亦大多稚拙有餘，充其量不過工藝品而已，談不上藝術。

遼代彩繪菩薩像，美國紐約大都會博物館藏。（©MET）

元至正十九年彩繪
木雕觀音菩薩像，
美國紐約大都會博
物館藏。（©MET）

明代木雕臥佛，美國
加州史丹福大學美
術館藏。

北齊木雕佛像，美國
奧勒岡州奧勒岡美
術館藏。

　　拼湊法可免木材開裂，這些大型的觀音像是怎麼雕成的呢？自文獻中知道，日本人的木雕佛像是自唐人學來的技術，其技法是用小塊的木頭拼成。宋金大廟中的觀音像最小型的也與人身等大，到哪裡去找整塊木頭可以雕出那麼大的佛像？即使找得到，哪能保證沒有腐爛、斷裂，使佛像可以長期保存？古人不分中外，在神像的製作上使用木材是很普遍的，因為這是現成的材料，又有建築木工的雕飾技術為基礎。但是很頭痛的問題就是材料的性質，木材是有機物，保存不易，不但易招蟲害，而且受氣候乾溼的影響，容易開裂。一截木材，中間的部分是心材，年代太久，容易腐爛，至少是鬆軟、易裂，心子之外的邊材比較好，但去了心子，木頭就難成材。作為建築與家具的材料沒有問題，雕為造像，就很難使用，所以夠大、夠結實的整塊材料是可遇不可求的。西洋的中世紀與過去的日本人，自雕刻的經驗中，知道即使經過常年的乾燥，心材的存在仍然會造成裂痕，所以匠人們通常都會把心材剔掉，使雕像空心。可是這只能解決小型雕像的問題。

宋代木雕佛像，美國賓州費城美術館藏。

北宋觀音菩薩坐像，美國舊金山亞洲藝術博物館藏。(©Asian Art Museum, San Francisco)

金代木雕觀音菩薩像，美國堪薩斯市「納爾遜・阿特金斯」藝術博物館藏。(©Nelson-Atkins Museum of Art)

　　中國人自唐代以來就發明了拼湊法，一座佛像不一定使用整塊木材雕成。這是基本常識，腦袋與四肢當然可以分開，中國人更進一步，每一部分都可以拼湊。這樣一來，不但解決了找不到大木料的困難，同時也解決了木材開裂的問題。由於拼湊，我們可以找到最適用的木材，不必考慮其尺寸，只選用其中最好的部分來使用。除了面部以外，無處不可拼成。這是既省錢、又省事、又有實效的方法。宋、金的木雕歷經近千年仍能流傳至今，即使離開了乾燥的山西仍安然無恙，就是這種拼湊技術的功勞。中國文化中的現實主義精神及其成效在此表露無遺。

　　拼湊豈不是難看嗎？不然。要知道中國傳統文化是色彩的文化，我們並不要今天所重視的原木的質感。因為要上彩，拼湊的缺點並不是問題，如何使雕像不會開裂才是問題。把身體支解後，可以按照各部分的形狀，選擇最適合的木質，以發揮木材的最高效果。有了拼湊法，雕刻的形狀就不受限制了，就是木雕藝術生動化的開始。為什麼愛斯基摩的圖騰柱只是一根柱子呢？那是用整支木材所受到的限制。一尊生動的水月觀音，兩腿分開，一臂前伸，衣角飄揚，不拼湊木材，如何做得起來？材料不能限制中國人的造像藝術，恐怕米開朗基羅若於地下有知，他也會同意的。

人心貪婪文物災劫難休

　　我國自明代以來，大型木雕佛像已不多見，台灣地區的民俗宗教，木雕神像高不盈尺，十足的民俗，並沒有藝術上的造詣，也沒有木造技術的問題。可是近年來，佛教有復興

唐代十一面觀音菩薩像，美國克利夫蘭美術館藏。（©Cleveland Museum of Art, CMA）

的跡象，大廟不斷興建，大型高級的佛像漸有復現的可能，用整塊巨大的樟木刻製，不但浪費材料，而且無法避免自然開裂。台灣的木雕家學習古代造像技術的時機已經成熟了。這幾年，由於佛教藝術品大受歡迎，石雕、木雕自各種來源進入台灣古物市場，使我覺得佛像藝術這門學問，大有深入研究的必要，大陸的學者長於資料的收集與整理，在各種傳統藝術上都下了很深的功夫，只是懂得佛像的似乎不多，倒是日本人由於佛教藝術一直是他們傳統的一部分，頗留意這方面的發展。

北宋十一面觀音菩薩像，美國克利夫蘭美術館藏。（©Cleveland Museum of Art, CMA）

金代觀音菩薩立像，美國克利夫蘭美術館藏。（©Cleveland Museum of Art, CMA）

金代彩繪漆金木雕菩薩坐
像，荷蘭阿姆斯特丹荷蘭國
立博物館藏。
（©Rijksmuseum）

金代木雕觀音菩薩像，英國
牛津大學阿什莫林博物館
藏。（©Ashmolean Museum,
University of Oxford）

金代觀音菩薩立像，美國克利
夫蘭美術館藏。（©Cleveland
Museum of Art, CMA）

　　在市場上看到的佛像，木雕、石刻，當然還是以自大陸盜運出來的為多，前一陣子所見的，品質太多不佳。可以想像得到，比較好的，已在港澳等地被挑選過了。剩下的一些不能入目的東西，流入廉價的古物店，被丟在牆腳地面上，少人問津。這些東西很難辨識其時代，也難認出其產地，大陸似乎一窩蜂地，把石壁上的、田野裡的，寺廟中的雕像，不計好壞，向香港與澳門的市場搬運！

　　近來也有些品質比較好，甚至十分好的佛像出現。最好的是自海外買回來的。當年歐美來華愛好藝術人士，不少家

金代觀音菩薩坐像，耶魯大學美術館藏。
（©Art Gallery, Yale University）

北宋觀音菩薩坐像，美國檀香山美術館藏。
（©The Honolulu Museum of Art）

北宋脅侍觀音像，美國紐約大都會博物館藏。（©MET）

金代觀音菩薩坐像，美國明尼阿波利斯美術館藏。（©Minneapolis Institute of Art）

金代水月觀音菩薩坐像，美國明尼阿波利斯美術館藏。（©Minneapolis Institute of Art）

有中國佛像，算起來，他們都到了耄耋之年，眼見中國雕刻市價大漲，開始拿出來換個老本，或嘉惠下一代。中國人發財了，高價把藝術品買回來是理所當然。另有一些小型的石雕，品質不錯，據說是自大陸出土，也許是滅佛時所毀壞埋藏的吧！如今挖到可以發點小財了。古代滅佛在北朝時代就有過兩次，所以挖到的有不少北魏、北齊的好東西。

　　我把這幾年來大陸盜賣木、石雕佛像的現象稱為第二次浩劫，以對應民國二十幾年外人來華大肆收購的第一次浩劫。

隋代觀音菩薩立像，美國巴爾的摩沃特斯藝術博物館藏。
（©Walters Art Museum）

明代水月觀音菩薩坐像，美國巴爾的摩沃特斯美術館藏。
（©Walters Art Museum）

半個世紀前的那次浩劫，是外國人發現了中國的寶藏，利用貪婪的古物商、無知的地方官、愚蠢的農民，把中國山西最精彩的宋、金木雕，與北朝到唐代的中原石雕搬到歐美去；第二次浩劫則是海外的，尤其是港台的中國人在發財之後，發現了中國的雕刻之美，啟發了彼岸古物商人的動機，在地方官吏眼睛半睜半閉之下，與其他墓葬古物一起大批地向外流出。我們見的，恐怕只是冰山之一角，這些雕刻，好的、壞的，可能是文革以來破壞的積累，如今都運出來換錢了。也有些則是新自石壁上敲下來的，這些東西，藝術性不高，離開其背景後，價值極為有限。因此這種破壞是盲目的，連錢都換不了多少的破壞，實在是萬分的不值得！然而其種類之多，數量之大，可知對中國，雕刻藝術之禍害，絕不亞於第一次！

此文草成，有一位做古物生意的朋友要我看一具唐代石佛。很可惜，這座石像在搬運時，不小心把手臂折斷了，他唉聲嘆氣，損失了不少。這使我想到，在數以千百計的交易中，藝術品有意無意地受到的破壞不知有多少！不能不令人擲筆浩嘆！

——《聯合報》副刊，1995/7/21、22、23

明代觀音頭像，美國紐約大都會博物館藏。（©MET）

編註

1　位在美國華府的佛利爾美術館（Freer Gallery of Art）成立於 1923 年，是史密森博物館系統下的第一座博物館，藏品由美國企業家暨藝術品收藏家——查爾斯・蘭・佛利爾（Charles Lang Freer, 1854-1919）捐贈。

2　勞倫斯・西克曼（Laurence Chalfant Stevens Sickman, 1907-1988），美國科羅拉多州丹佛市人，就讀高中時就對東方的中國與日本有興趣，1930 年畢業自哈佛大學，當時他已經能夠說中文。獲得哈佛燕京獎學金；1930-1935 年間，西克曼到中國旅行，經由在中國的恩師蘭登·華納（Langdon Warner, 1881-1955）推薦，為堪薩斯市「納爾遜・阿特金斯藝術博物館」（Nelson-Atkins Museum of Art in Kansas City）在華收購藝術品；1931 年至該博物館工作，1935 擔任東方藝術主任，1953 至 1977 年出任館長，任內於 1975 年舉辦「中華人民共和國考古發現」（Archaeological Finds of the People's Republic of China）特展，甚為轟動。

3　佛光寺位在山西省忻州市五台縣豆村鎮佛光村，正殿（東大殿）建於唐大中十一年（857 年），是中國現存第三古老的木結構建築，僅次於山西省忻州市五台縣南禪寺大殿（782 年）、山西省運城市芮城縣廣仁王廟（832 年）。佛光寺大殿是中國現代最早發現的唐代木結構建築，其內還有唐代塑像、壁畫和墨書題記，集四大唐代遺物於一身，因此被建築學家梁思成稱為「中國第一國寶」。1961 年，佛光寺被列為第一批全國重點文物保護單位。2009 年 6 月 26 日，佛光寺連同其他五台山景觀被列入《世界遺產名錄》。漢先生擔任新北市世界宗教博物館長，執行「世界宗教建築縮影」計畫，將佛光寺大殿納入。

4   晉祠是位在山西省太原的祠堂，祭祀周朝晉國的開國諸侯
     叔虞及其母親邑姜。其創建年代尚難以考定，最早的記載
     見於北魏酈道元的《水經注》。北宋天聖年間修建聖母殿
     和魚沼飛梁。此後，鑄造鐵人，增建獻殿、鐘樓、鼓樓及
     水鏡台等。原居於正位的唐叔虞祠則退處次要位置。晉祠
     建築布局由中、北、南三部分組成，中部建築為全祠之核
     心，北部建築以崇樓高閣取勝，南部建築樓閣林立，小橋
     流水，亭榭環繞，有江南園林風光。祠內建築由東向西有
     水鏡台、會仙橋、金人台、對越坊、鐘鼓二樓、獻殿、魚
     沼飛梁和聖母殿，其北為唐叔虞祠、昊天祠和文昌宮，其
     南面是水母樓、難老泉亭和舍利生生塔。

5   佛宮寺釋迦塔，俗稱應縣木塔，位在山西省朔州市應縣，
     是世界現存最古老、最高的木塔，有「天下第一塔」之美
     譽。其確切建造年代無從考證，從其建築風格和相關文物
     推斷建造時間約在遼代。該塔在金、元、明和清曾多次修
     葺，曾經歷多次地震，1926 年遭軍閥炮擊，但塔身未傾倒。
     該塔高 67.31 米，主體結構全部為木質結構，塔身外看為
     五層，其中第一層至第四層內各建有一層作為上一層基座
     的暗層，塔頂為鐵製塔剎。木塔塔身結構過於複雜，全塔
     共計有 54 種不同的斗拱類型，該塔的修護方案自二十世紀
     70 年代起一直有爭議，直至 2013 年才確定方案。1961 年
     佛宮寺釋迦塔被列為全國重點文物保護單位。漢先生主持
     的台中自然科學博物館有應縣木塔模型。

6   現存的唐朝寺廟為五台佛光寺東大殿、五台南禪寺大殿、
     平順天台庵大殿與芮城廣仁廟正殿。皆位在山西省。

7   觀音菩薩為觀世音菩薩的簡稱，梵名阿縛盧枳低濕伐羅
     （Avalokitesvara），藏名 Spyan-ras gzigs-dban-phyag，俗稱「觀
     世音」其含義為「觀世人稱彼菩薩名之音而垂救」；而稱

「觀自在」者其含義為「觀世界形相能自在無礙，對苦惱眾生能自在拔苦與樂」。觀世音菩薩，其名號意為「觀察世間音聲覺悟有情」，又譯為觀音菩薩、觀自在菩薩、光世音菩薩，手持蓮花的觀音菩薩也被稱為蓮花手菩薩或持蓮觀音（Padmapani），在大中華地區佛教自唐代開始主要是以蓮華部母白衣觀音為所有觀世音菩薩的本尊；在民間信仰中常被尊稱觀音佛祖、觀音大士、觀音娘娘、觀音媽、白衣大士。在密教中，祂為蓮華部尊，在淨土宗則是西方淨土的大菩薩，與大勢至菩薩分別為阿彌陀佛的左、右脅侍菩薩，並稱「西方三聖」，同時祂也是四大菩薩之一。

北宋木雕觀音菩薩像，美國紐約大都會博物館藏。（©MET）

08
案頭佛像的意義

不知不覺間，佛教藝術回來了。這是一個非常令人高興的現象，過去幾年間，在傳統藝術或骨董市場上，佛像受到重視，顯然是因為中國的收藏家對於佛像特別熱愛之故。菩薩像，例如張大千先生的敦煌式工筆畫[1]，動輒數萬元，在過去視為工藝品的清代白瓷塑像也成為搶手貨。佛教藝術逐漸有了廣大市場。畫家奚淞[2]在過去 3 年間畫了 33 張白描菩薩，還沒畫出來就被訂購一空；雕塑家朱銘[3]為某一墓園雕了不少宋朝意味的菩薩；木雕家吳榮賜[4]告訴我，有很多廟宇向他訂購大型佛像。我們的社會對佛像藝術發生了極大興

木雕家吳榮賜創作的觀世音菩薩像。（吳榮賜提供）

木雕家吳榮賜創作的濟公像。（吳榮賜提供）

被買回家裝飾家庭的佛像。

供奉在家中的佛像。

趣，逐漸自古物伸展到藝術創作的領域。毫無問題的，佛教
藝術已重新成為中國人的主要藝術形式之一。

　　值得令人玩味的是為什麼呢？我承認今天佛教藝術的再
現，在藝術品上的需求大過宗教信仰的需求。很多人把佛像
買回家，而不是「請」回家。他們是用以裝飾家庭，或為案
頭清賞，並不是焚香膜拜。但是有那麼多人要以佛像為裝飾，
是否表示菩薩的法像具有一種無形的力量，使生活在現代城
市中的中國人產生一種精神上的渴慕？這種精神的吸引力不
是宗教的信仰又是什麼呢？

　　是一種準宗教信仰，就是雖不相信，卻能接受宗教的思

張大千臨摹的敦煌壁畫十一面觀音像。（取材自網站）

1947 年張大千仿敦煌南無觀世音菩薩之作。（取材自網站）

明中期觀音頭像，洛杉磯郡立美術館藏。（©LACMA）

隋代石刻佛首，美國明尼蘇達州明尼阿波利斯美術館藏。（©MIA）

德化窯白釉觀音坐像·香港藝術館藏。（©MK2010）

想與觀念，雖不參與儀式，卻羨慕宗教儀式的存在。這是現代中產階級之間相當流行的一種信仰，他們相信這個無情的社會需要宗教，有時候，他們甚至覺得自己也需要一點宗教的情操，來淨化連自己也感覺厭惡的一些俗念。佛像是一種重要且熟悉的象徵，正滿足了他們的精神需要，他們沒有選擇聖母瑪利亞像，只因為他們是中國人而已！

　　當然，佛教藝術的興起同樣也顯示佛教信仰確實重新抬頭了。年輕一代對佛教思想開始發生興趣，而佛教的出家人多的是飽學之士。證嚴法師每次講道，聽眾都擠滿了講堂，成千上萬的信徒以捐獻證明他們的真誠。這一切都是千真萬確的事，社會上有這樣多人有了真正的宗教信仰，而且願意出錢出力，宗教藝術怎麼可能不發達呢？不管是什麼理由，

台南藝術大學圖書資訊大樓中的北齊石立佛。

台南藝術大學圖書資訊大樓中的東魏佛 3 尊。

我們很可能回到有宗教信仰的時代，像中國的唐朝，像西洋的中世紀，宗教是一種強大的精神力量，可以幫我們度過這種價值觀混亂的過渡時期。

佛教藝術回來了，它能否擔當起催化的任務，使佛教再度融於知識階層的生活中呢？這要看佛教界如何迎接這一難得的機會了。無可諱言的，在過去，佛教的表現在接受捐贈方面的成就遠甚於在文化上的貢獻。時代不一樣了，佛教界一定要提高水準，以領導文化發展自期，至少不要使案頭供著佛像的知識分子們失望才好！

——《聯合報》副刊，1991/5/31

台北藝術大學圖書館中的石刻佛首。

印度石刻佛首，美國馬里蘭州巴爾的摩沃特斯美術館藏。
（©Walters Art Museum）

編註

1　張大千（1899-1983），原名正權，後改名爰，字季爰，號
　　大千，別號大千居士、下里港人，齋名大風堂。四川內江
　　人，祖籍廣東省番禺，中國潑墨畫家、書法家。1940 年赴
　　敦煌臨摹歷代壁畫 2 年 7 個月），共摹 276 幅，並為莫高
　　窟重新編號。1943 年出版《大風堂臨摹敦煌壁畫》。

2　按「維基百科」：奚淞（1947-），原名奚齊，生於中國上
　　海市，1970 年於國立藝專美術科畢業，後於法國巴黎美術
　　學院留學習畫，曾任《漢聲雜誌》編輯、《雄獅美術》主編；
　　已退休，專事繪畫、寫作，為台灣少數用西方美術技巧繪
　　畫東方佛教文化的藝術家。

3　朱銘（1938-），生於日治台灣新竹州苗栗郡通霄莊，本名
　　朱川泰。15 歲從李金川師傅學習傳統廟宇的雕刻與繪畫，
　　30 歲拜台灣雕塑界大師楊英風為師。作品風格融合傳統木
　　雕與現代雕塑精神，發展出獨特風格。1976 年於國立歷
　　史博物館舉辦首次個展，創作《同心協力》等以台灣鄉土為
　　題材的木雕作品。漢寶德撰〈斧鑿神韻〉一文評朱銘的雕
　　刻，該文收錄於《漢寶德談藝術》（典藏藝術家庭出版，
　　2005 年 9 月）。本文所指的墓園是位在新北市金山鄉的金
　　寶山景觀墓園。

4　吳榮賜（1948-）生於台灣南投。師從福州名師傅潘德，
　　後為著名建築學者、美學家漢寶德先生賞識指導，逐步嶄
　　露於藝壇。1986「吳榮賜首次木雕個展」於台北「春之藝
　　廊」舉辦，後受邀聯展、個展遍及海內外。漢寶德撰〈傳
　　統中的現代面貌──吳榮賜〉一文，該文收錄於《保存生
　　活：漢寶德談鄉土與藝術》（典藏藝術家庭出版，2019 年
　　8 月）。

09 方寸乾坤──治印的藝術

「人間副刊」近來時常刊出業餘印章作品，仍有繼書法之後鼓勵傳統藝術復興的用意，只是治印不同於書法，是比較需要特殊工具與技巧的一種文人藝術，不及書法那樣輕易，相信業餘的治印者遠少於業餘的書法家。

過去的中國文人大部分都有基本的書法訓練，書法是生活藝術，是日常生活中不可缺少的，印章則是書法的配件，文人的書法到一定程度，覺得可以掛出來了，就會開始學治印。但是治印比書法麻煩，有許多文人為省麻煩，不學刻章，請別人代勞，因此明、清以來產生了不少治印的專家，印章就成為一種獨立的藝術形式。然而近代的大書法家，如吳昌碩、齊白石，都兼有治印的本領，其印章作品的藝術價值也很高，為收藏家所喜愛。

台北故宮博物院典藏的齊白石等名人的印。

清乾隆八徵五福碧玉印，台北故宮博物院藏。

方框印章侷限多

　　十幾年前，我 60 歲，開始以書法自娛，寫了一陣子，略有心得，就開始收藏近、現代的作品。收藏，就要面對真偽的問題，而書畫收藏鑑定的第一步就是印章比對。由於翻閱印譜，對印章藝術產生了高度興趣，也很想附庸風雅，自學治印。我年紀大了，工作又忙碌，想拜師學習，苦於沒有時間，因此只有土法煉鋼，自己摸索。有一年去北京考察，到了琉璃廠，在一家舖子裡買了一整套的刻印工具，及一些練習用的石頭。回到家裡，每天晚上都試著刻，可是因為不得法，手勁不夠，既辛苦，成品又差，實在見不得人。後來又為籌劃南藝，忙得不可開交，想當治印家的夢想因而破滅。過了一、二年舉家搬到南部，連那套工具也不知丟到哪裡去了[1]。

清乾隆雕獸鈕循環連環田黃印，台北故宮博物院藏。（© 國立故宮博物院）。

田黃石三聯章，北京故宮博物院藏。（© 北京故宮博物院）

　　我一度想學刻章，因為在我看來，印章是中國文化中最有趣的藝術形式。實際上，它有很多可能性，也是一種未經開發的藝術形式。印章的起源是封印，自西亞文化中發生，早於我們兩千年。可是西方人以封印的形式流傳，直到近世，雖在形式上改變，在功能上卻依舊，那就是用金屬做成家族或個人的符號，在書信上或信封上，用蠟或特製的封泥趁熱時壓出圖案，乾冷後固定，以證明為某人書寫或認可的文件。西方貴族的戒指就有這樣的功能。

　　中國古代的封印是自己發明，還是來自西域，恐怕是一筆糊塗帳了。可是封印的文化，直到戰國，與西方並無二致。戰國時期發掘出的印章尚沒有文字，而是一些符號，所以極不容易辨認誰屬。我有兩只戰國章子，一只有很美的獸鈕，可知在形式上已發展出中國文化的特色了，但印文尚很原始，只為類似甲骨文的圖騰而已。

　　漢代的印章藝術大盛，似乎已經成為官府與地主階級普遍使用的取信於人的印記。印章文字化，而且形制縮小，仍用青銅鑄成。中國歷代出土的漢印，大大小小恐怕以萬計，而且用篆文，與今天所看到的圖章幾乎完全一樣。銅鑄是很麻煩的，文字需要精細的做工才能清晰，不是人人所可擁有。

漢寶德印之一。　　漢寶德印之二。　　漢印。　　寶德印。

漢寶德筆名「也行」印。　　漢寶德的閒章之一。　　漢寶德的閒章之二。

唐宋數百年間，除了官衙用大印之外，私人印章卻很少見了。直到元代以後改以石刻印，才有印章藝術的復興。

用軟石頭刻印，使治印成為文人、藝術家的工作，而不依賴技術工人，所以石印是一大突破，可惜的是，提倡用石刻印的先驅們只改變了印章的材料，並沒有利用這種材料的優點，發揮更大的可能性，卻號召大家回到漢代的傳統。漢代的一般印章大多是方形，4個篆字：某某某印。篆字在周代的金文是曲線組成，到漢代刻印則變體為直線，如銅盤字與碑首銘文都是方體，因為這樣比較容易容納在小小的方形框框中。這樣的變體使得印章有強烈的匠人作品的味道，直到今天都沒有改變。

然而我為什麼說印章藝術最有中國文化的意味呢？關鍵正在這個四方形框框上。西方人到了近代就放棄封印，改用簽名，因為他們沒有發明印泥，而西文很難容納在小方框裡。中文是方塊字，所以印章是天造地設的發明，何況中國人書寫為白紙黑字，黑色濃黑深沉的文字，加上紅色的印章，使全篇文字顯得活潑生動。用在西人書寫上，只好用藍色的橡皮章子。

漢「張彖私印」銅印，台北
故宮博物院藏。
（© 國立故宮博物院）

　　特別值得討論的，是在方框之中安排文字的意義。印章
的藝術，治印的朋友們都知道，實在就是在框框中如何把筆
劃安排得美觀的藝術，這當然要自方框說起，方框其實是一
種空間上的限制。為什麼中國人喜歡這種限制呢？因為我們
在處理空間的習慣上先有外框，比如世界上只有中國人建城
時先建一個四方框。大家都知道外國人喜歡在河邊建城，少
有建城牆者，而我們自古以來就是先在平原上建城牆。這當
然是自防護的需要著想的，可是有必要建成方框嗎？可見有
了方框，再在裡面安排用途，是我們的空間思考方式。其實
建屋也是一樣，雖未必有機會在方形土地上建屋，我們總是
先有圍牆，再在牆內建屋，所以幾乎家家都住在高大的圍牆
後面。直到學了西方人建屋方法以後，這個習慣才有所改變。
我們似乎習慣了在一定的限制之內發揮想像力，不給我們限
制，反而不知所措。

在方框的限制內安排筆劃，或安排建築，都要考慮空、實之間的關係。這一點，中國人特別擅長，因為空實相互依賴的關係，也就是陰陽相生的觀念是中國人發明的。我們習慣於看正面同時看負面，治印特別需要有正負一體的觀念。剔掉的目的是成全未剔掉的部分。也可以剔掉不需要的部分，前者就是用其正的紅文印章，後者就是用其負的白文印章。一個真正懂得印章藝術的治印者，必須掌握到正負相生的道理，在治正印時卻自負面思考，反之亦然。

這是很有挑戰性的思考方式，在一個小小的天地間，如何調和陰陽，把握空實相生之美，是千變萬化、無窮無盡的大藝術，一般刻印的匠人只是把文字按照字典上的筆劃，中規中矩放進去就完事了。比較有創意的匠人不過是為某些字選擇適當的式樣，因為自漢代以來，字體就多所變化了。真正稱得上藝術家的治印者，對每方印都要設計，他必須對各種傳統的字體與別體非常熟悉，必要時甚至酌量設計字體。因為有些姓名筆劃太多，實在很難變出花樣。我沒有一個好的印章，主要因為我的名字太難刻了。

從構圖尋求創新

刻印技巧純熟了，毛病是容易甜俗。在大陸主要的城市裡觀光客集中的地方，都有刻印的能手，可以隨點隨刻，迅速交貨。由於熟，刻得都很流暢，只是作品雖很討喜，但不免俗氣。因為便宜，我曾買過幾個大型印章，本希望有能手突破我這名字筆劃過多的難題，可以得到一個我喜歡用的章子，但大多只能做到官章一樣工整，不免缺乏靈氣。有一次

明末清初楊玉璇作田黃獸鈕印，台北故宮博物院藏。（© 國立故宮博物院）

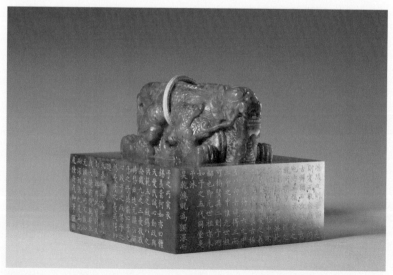

清乾隆碧玉「八徵耄念之寶」璽，台北故宮博物院藏。（© 國立故宮博物院）

　　我對一位刻印的老先生說了我的期望，他很有把握地要我去轉一轉。半小時後我回來了，他完成了一個兩寸見方的大章，卻被他敲打得邊緣有些斑駁、破碎。原來這是仿古之法，用破損去俗，但這究竟還是旁門左道。真正的藝術家還是應該在字跡筆劃的構圖上下功夫，並尋求創新之道。這一點與書法藝術著實是沒有兩樣的。

　　治印家也是書法家，只是把字寫在方框裡面而已。第一流的藝術家總是以意想不到的構圖之美感動我們；其次，是運刀時力道的控制所產生的自然效果。如同書法家用筆用墨表現出來的力量，治印家要用刀下的功夫表現他的意念。在過去，藝術界稱呼治印者為金石家，就是因為他們以刀與石為表現工具，相對於書法的筆墨。喜歡治印的書畫家吳昌碩、齊白石，因為筆墨率直有力，被稱為金石派，可知治印時把金、石的剛性表達出來是受到讚美的。齊白石治印的刀法淋漓，刀過帶著一些自然的迸口，好像書法中快速運筆時的飛白，十分生動，這是與刻後敲出破口的效果完全不同的。

　　我認為印章藝術未經開發，是因為到今天為止，作品大多都太傳統了。由於學習有些難度，大家都停留在以漢印為字，以明清名家為師的階段，不敢有所踰越。當成練習是可以的，但沒有突破就沒有創造，作為一種藝術形式就呈現半死亡狀態，這實在太可惜了。

　　印章是一種附屬於書畫的藝術，只是因為它的體型太小，很難獨立。有些金石家把一篇文章刻成大大小小的印章，湊成一個大的畫幅，並不能突破這個困局。其實不要為此煩惱，

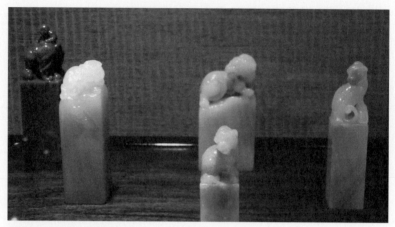

傳統上印章是書法必要配件。

小而美並非壞事，反而更能與休閒生活相結合。清代以來，
「文玩」非常發達，就是因為書房的一些必要用具，如筆架、
墨台、紙鎮、水注等，沒有獨立的地位，卻能發展為富於變
化的藝術形式，陪著遠離朝堂的讀書人度過愉快的一生。這
也是文人於後世「玩」印章的石材與印鈕，玩到忘記印文之
美的原因。

　　電腦已經把書法自生活中擠出，變成一種休閒的藝術。
作為書法必要配件的印章，也應該成為未來休閒生活中具有
深度的藝術形式。我希望看到未來的年輕人開拓印章藝術的
領域，突破方框的界線與字體的限制，創造出各種具有感動
力的印章。古人已經利用頑石的切割面為外框刻製閒章，今
人應該有更多的突破才是，讓我們拭目以待吧！

——《中國時報》人間副刊，2006/9/15

編註

1　漢寶德曾撰〈印章的藝術〉一文，收錄於《寫藝人間：漢寶德談書法藝術》（典藏藝術家庭出版，2018 年 11 月）。

印章藝術應突破方框的界線與字體的限制。　傳統的印章藝術有待突破。

編
後
記
——
故
事
的
故
事

　　二十一世紀初，漢先生曾以女兒漢可凡的名字作為筆名，在《中華日報》副刊撰寫系列性的文物文章，以他多年收藏古物的經驗，娓娓敘述家中添購陶器、書畫、文玩等相關故事，這些文章輯錄為《真與善的遊戲》與《收藏的雅趣》兩本書，二書的繁體版已絕版，簡體版於 2020 年底由武漢長江文藝出版社刊行。

　　漢先生撰寫攸關文物之文章，可以追溯自二十世紀 80 年代在《中國時報》人間副刊所發表的〈流盃渠的故事〉。當年漢先生趁赴韓國開會，至慶州走訪韓國史蹟第一號的鮑石亭，同時參觀佛國寺等，撰寫了〈韓國慶州行〉一文，很詳細記述了參觀佛國寺的種種。佛國寺初建於西元 528 年，日本幕府將軍豐臣秀吉入侵朝鮮時，曾遭回祿毀壞，西元 1604 年重建，爾後不斷地重修，重修的成果是觀光化，被批評粗俗。佛國寺與石窟庵於 2009 年同被列為世界文化遺產。1977 年胡金銓拍攝的《空山靈雨》影片，就是在佛國寺取景。在兩岸阻隔的年代，無法親炙中國的傳統建築，日韓的古建築乃成為研究探索的對象。

　　〈流盃渠的故事〉是衍生自〈韓國慶州行〉，該文曾收錄於 1990 年出版的《風情與文物》一書。〈流盃渠的故事〉一文在書中附有風字流盃渠圖一張，宋劉松年的「曲水流觴」圖一張與耳盃一對等照片，這 3 張圖片俱為黑白。拜博物館圖片免費使用政策之賜，特將台北故宮博物院所典藏的劉松年繪《曲水流觴圖》4 幅，並輔以明代李宗謨《蘭亭修禊圖卷》15 幅，與紐約大都會博物館庋藏的明代錢穀《蘭亭修禊圖卷》7 幅等下載，以彩色圖片為〈流盃渠的故事〉文章作進一步的賞讀欣閱。

　　〈兩個中國陶瓷收藏的故事〉係指「大阪市立東洋陶磁美術館」與「墨爾本維多利亞國立美術館」所典藏的陶瓷。大阪市立東洋陶磁美術館是極少數在日本允許於館內攝影的博物館。在日本，絕大多數的博物館禁止攝影；在京都，甚至有的庭園與廟宇亦禁止攝影。對此，漢先生認為博物館具有社會教育的功能，容許觀眾拍照有益於推廣教育，對於日本諸多博物館的攝影禁令，尤其是以納稅義務人所成立的公家博物館也禁攝影，他深深不以為然！不過話說台灣的博物館昔日亦有攝影的禁令，遲至近年才開放，畢竟如今以手機拍照既方便又流行，博物館禁止攝影是不合時宜又不合情理的規定，在博物館攝影儼然是流行的打卡行為，讓參觀博物多了一份歡悅的情趣。

　　參觀東洋陶磁美術館時，我較專注於其建築物，為了漢先生的文章配圖，乃聯絡館方懇請提供相關圖片，蒙學藝科鄭銀珍與小林仁兩位的協助，獲得 14 張圖片供本書使用，謹此致以謝忱！墨爾本維多利亞國立美術館理所當然沒有禁止攝影的疑慮，因此文章的配圖皆由我親自拍攝，但是漢先生的文章提到的 4 位關鍵人物，只有中文譯名，未附英文姓名。為了釐清，透過電子郵件詢問，幾經往返，只能確定館長林賽・霍爾與東方藝術所監理人赫伯特・肯特的英文姓名，至於那位捐贈 88 件瓷器的律師與在中國的澳洲軍官柯林斯，目前則皆只能暫時存疑。漢先生曾撰文力陳收藏需要政策，以此兩館所典藏的陶瓷器，就是極佳範例。漢先生也收藏，他是從陶罐開始入手，第一件收藏品是一個清乾隆朝的深紅色茶罐。不知是否因此，令漢先生特鍾此兩座博物館的陶瓷器。

宗教博物館館「神氣佛現──山西泥菩薩」展海報。

賓州大學博物館典藏的木雕菩薩。

對於流落海外的陶瓷器等文物，漢先生感嘆近百年來的中國人，充分表現了「不肖子孫」的可憐相。另一被關注的淪落文物是木雕菩薩，研究中國傳統建築，廟宇會是主題之一，連帶廟宇中的佛像往往是相關之研究課題之一。中國佛像以石、木、金與土等不同材質所塑造，對此漢先生在擔任宗教博物館館長任內，曾特邀山西泥塑佛像匠師至台灣，塑了 8 座佛像，於 2004 年 1 月 15 日至 9 月 30 日舉辦「神氣佛現──山西泥菩薩」展。[1]

創設於 1928 年的東北大學建築系，其學生得選修中國雕塑史，授課的是研究中國傳統建築的先驅梁思成，課堂上的講義遲至 70 年代方被印刷成書出版，書內的 175 張精彩配圖由林洙女士耗時一年餘完成。《中國雕塑史》起自上古，迄至元明清，其中的宋朝章節特別提及賓州大學美術館與波士頓美術館典藏的水月觀音菩薩像，也就是漢先生在〈流落歐美的木雕菩薩〉文章所特別指陳

的木雕菩薩像。在旅途中，美術館是必訪的重點，尤其對於藏有中華文物的館絕不輕易遺漏。不巧，幾次至賓州大學博物館時，總是時辰不對，遇上關館，至今尚無緣親睹《中國雕塑史》所藏提及的觀音像。

波士頓美術館有亞洲藝術部門，號稱數量達十萬餘件，而《中國雕塑史》書中編號第 166 圖的水月觀音自 1999 年起就不復陳列展示，在曾經過一年半的修復，2006 年方公開，以致與這件觀音像真是緣慳分淺。許多博物館的典藏未必常設性地展出，但是在網站卻有豐富資料，在為文章配圖之際，常有精彩的發現，於是乃將相關的諸多水月木雕觀音像，作為漢先生文章的延伸閱讀。

波士頓美術館典藏的水月觀音。

自然科學博物館展出的武氏祠
石刻伏羲氏拓片。

　　〈漢代文化的剪影——武氏祠石刻〉原刊於 1992 年 11
月 10 日《聯合報》副刊，附有 2 張照片，為了瞭解更多的武
氏祠石刻，乃自《武氏祠漢畫像石》一書輯選影像較清晰者
作為配圖。漢先生所籌建的自然科學博物館，在中國的科學
與技術展廳，就有一幅武氏祠石刻拓片，廳中也有玉與銅器
等文物。很顯然，自稱喜歡探索過去老靈魂的漢館長，他追
尋著古物的時代感與美感，將收藏視為真與美的遊戲，遨遊
於文物的天地，將收藏視為自省的、知性的、審美的精神活
動！2

　　本書呈現在建築專業領域以外，漢先生也行的豐富智識
學問。於漢先生辭世六周年之際，謹以他的文章書籍誌記懷
念！

——黃健敏 2020/9 /9

編註

1　攸關泥塑佛像一節，可參閱〈從中國雕塑傳承談山西彩塑藝術〉一文，輯於《保存生活：漢寶德談鄉土與藝術》，漢寶德系列之九，典藏藝術家庭，2019 年 11 月出版。

2　1998 年 5 月號《藝術家》雜誌第 276 期，李維菁撰寫的【文物藏家】專欄，訪問報導的第一位藏家就是漢寶德，該篇報導的標題是〈漢寶德喜歡探索過去的老靈魂〉。

山西平遙雙林寺千手觀音像（© Wikimedia Commons）

歲月意象

藝術札記 **30**
漢寶德系列之九

漢寶德續談文物

作者　　漢寶德
主編　　黃健敏
編輯　　魏麗萍
設計　　王新宜
行銷　　黃鈺佳、王美茹

* 本書圖片除圖說特別註明外，皆為黃健敏攝影提供。

發行人　　簡秀枝
出版事業部總編輯　連雅琦
出版者　　典藏藝術家庭股份有限公司
地址　　　104003台灣台北市中山北路一段85號3樓
發行專員　許銘文
電話　　　886-2-2560-2220#300-302
傳真　　　886-2-2567-9295
Email　　books@artouch.com
網址　　　artouch.com
劃撥帳號　19848605 典藏藝術家庭股份有限公司

總經銷　　聯灃書報社
地址　　　103016台北市重慶北路一段83巷43號
電話　　　886-2-25569711

印刷　　　崎威彩藝
初版　　　2020年11月
ISBN　　　978-957-9057-73-8
定價　　　新台幣380元

國家圖書館出版品預行編目

歲月意象：漢寶德續談文物 / 漢寶德著 .-- 初版 .-- 臺北市 : 典藏藝術家庭，
2020.11--　面; 23×17 公分 -- (藝術札記; 30) -- ISBN 978-957-9057-73-8(平裝)
1.文物研究　2.中國　790.3　109014136